Ulrike Christa Köhler
Eine Schaufel Worte
Gedichte
ISBN 978-3-947930-00-5

Titelbild: Gemälde von Gerhard Wiechert
Alle übrigen Fotos sind von der Autorin.

Verlag:
Edition Pauer
Kelkheim 2018
www.editionpauer.com

Druck:
Druckerei T. Lindemann, Offenbach

Ulrike Christa Köhler

Eine Schaufel Worte

Gedichte

Zum Vergnügen und
freundlichen Nachdenken

Ulrike Christa Köhler

Edition Pauer

Kelkheim 2018

Inhalt

Kindheit	Seite 7
Naturbetrachtungen	Seite 21
Gesellschaft	Seite 75
Liebesfreud und Liebesleid	Seite 141
Umwelt	Seite 185
Meditation	Seite 191
Trauer	Seite 217
Jahreswechsel	Seite 227
Zur Autorin	Seite 232

Kindheit

Nie mehr einen Freund

Der sommerdunkle Wald
verschluckte uns, die laufenden Kinder,
spie uns nicht eher aus,
als bis der Wiesenrand erschien.

Der Bach, er ward zum breiten
Strom, den wir mit einem Sprung
nicht überqueren konnten.
Hier wollten wir das Schwimmen üben.

Wir platschten, spritzten, quiekten,
bewegten rudernd im Halbkreis die Arme,
versuchten im Wasser zu liegen,
hüpften mit einem Bein auf dem Grund.

Als ich mich frierend erhob,
die Unterhose nach oben zog,
da tat's einen Riss. Ich hielt
den Bund in der Hand; der Rest entwich.

Nur einer hat's bemerkt.
Er krallte schnell mein Kleid und lief
laut johlend den Bach entlang,
den roten Stoff als Fahne gehisst,

Phantasie im Bild

Wie war das noch vor vielen Jahren,
als wir Kinder krank gewesen.
Nicht nur Tage mussten wir ins Bett,
sondern Wochen waren wir geschwächt.
Keine Freunde kamen übers Telefon,
keine Fernsehfilme oder Videos.

Was wir hörten, war der Mutter Stimme
oder ausnahmsweise Radio.
Was wir sahen, war die Zimmerdecke,
war die Lampe, die Tapetenwand.
Vor dem Fenster gab es einen Baum
und darüber ein Stück Himmelsland.

Still zog dort ein Löwe seine Bahn,
wurde lang und länger, bis er schließlich
ausgeufert, einem alten Mann mit
Umhang glich. Auf den Wellen saß die
Meerjungfrau; etwas später dann war
sie ein Ast nur, der zum Ufer trieb.

Gefolgt von einem Boot mit rundem Kiel,
das Segel grau gefetzt und aufgebläht.
In der Lampe tanzten Marmoradern
biegsam einen fieberheißen Tanz.
An den Wänden rankten Blattgirlanden,
welche wunderbare Rosen banden.

Ähnlich können wir noch heute spielen,
dort, wo Feuerwerk im Pinselstrich,
wir Bewegung von Gestalten ahnen,
uns in sinnesfroher Landschaft sehn.
Wenn außerdem noch Harmonie vom Bild
direkt zu uns herüberschwingt, ist klar,
dass einem Kunstwerk wir begegnet sind.

Kapitulation

Trotz der weißen Fahne
krachen Schüsse auf den Turm.
Feinde kommen, Türen zu!
Plötzlich Männer in der Diele.

Schreibmaschine, Foto
händigt Mutter aus.

Wir Kinder woll'n hinaus
den Straßenlärm versteh'n,
woll'n den Truppeneinzug seh'n.
„Nehmt keine Süßigkeiten an,
die sind vergiftet!", ruft uns noch
das Mädchen hinterher.

Grünbraun kriecht die Schlange
uns'ren Schulberg hoch.
Oben auf dem Rücken
lachende Gesichter,
schwarze, weiße Hände
werfen bunte Sachen.
Und wir fangen auf.

Mein Bruder schaut mich an,
ich nehme seine Hand.
Wir geh'n mit vollem Mund
hinaus ins stille Feld,
betrachten süß geschwängert
den geschrumpften Schatz.
Sind wir nun morgen tot?

Väterliche Erziehung

Komm, schönes Kind, wir gehen
in den Buchenwald,
üben dort das Gehen,
wo uns niemand sieht.

Die Bibel leg ich dir
auf dein schönes Haar.
So übe den aufrechten Gang,
nicht nach innen den Tritt.

Nach außen!, sage ich,
hörst du mich denn nicht?
Schau, es ist so leicht!
Die Füße nach außen gestellt!

Die Bibel schwankt auf meinem
Kopf. Ich schwanke mit.
Des Vaters Eifer zerschellt
im Wald, mein Mühen stirbt.

Doch nach wenigen Jahren
bewundre ich die Damen,
trage Absatzschuhe,
schwebe, wenn ich gehe.

Wiegenlied
(Sonate für Violoncello und Klavier,
Felix Mendelssohn Bartholdy)

Felix war ein Wunderkind,
sein Herz war voll Musik.
Noch heute sein Gedanke klingt,
Noten werden Lied.

Für Dome, aber auch für Hütten
fand er das rechte Maß.
Beschrieb der Stürme schrecklich Wüten,
floß im Sonnenglanz.

Verstand die großen Weltkonflikte
wie der Kinder Spiel,
erkannte Weise und Verrückte,
sah der Kämpfer Ziel.

Schau, das Cello malt sein Bild,
Farben das Klavier.
Tanzende Pinsel Musiker sind,
Frohe Betrachter wir.

Mutter

Mir gehört sie, mir allein,
Doch mein Bruder drängt dazwischen,
Schiebt mich so von Mutters Schoß.

Ärger, Wut, die Tränen hilflos
fließen. Doch beim nächsten Mal schon
setz' ich mich geschickt zur Wehr.

Angst vor Bomben, Fliegeralarm!
Doch näher ist ein Distelstich,
der mich in der Prärie erwischt.

Wenn Schwester bettelt, will auch ich –
Obwohl nicht hungrig – noch ein Brot
Geröstet, feucht, bestreut mit Zucker.

Mutter ringt die Hände und fleht.
Doch alles ist geheilt, verwund'ne Zeit,
Leise sind wir gediehen, gereift.

Prinzessin
(nicht gemachte Bilder haften)

In der Ferne Rattern, Schütteln,
dann und wann ein Bremsenquietschen.
Plötzlich endet meine Fahrt
am Betrieb der Müllabfuhr.

Männer tragen Schockorange,
schwärmen aus nach rechts und links,
zieh'n heran berollte Tonnen,
auf den Gehweg leer zurück.

Auf dem Tritt ein kleines Mädchen
schwarzgelockt, im Puppenkleid.
Sieh, wie es mit dünnen Ärmchen
auf die nächste Tonne zeigt!
Hat die Arbeit voll im Griff.

Neben mir liegt schussbereit
Das Tele – Doch schon geht es vorwärts,
Stop and Go!
Tonnen holen, heben, rütteln,
Stop and Go!
„Superrein" im Großformat!
Doch Autos hupen jetzt von hinten.

Vater springt zum Töchterlein
für eine gartenlange Fahrt.
Verdammt, ich muss vorbei!
Das Bild bleibt nur Erinnerung.

Kinderträume

Auf weichem Nebel fliegen
hinunter in den Hof.

Auf grauen Wellen laufen
hinüber zu dem Hund.

Den Mann im Mond berühren,
dort über'm Ährenfeld.

All dies möchte ich probieren,
obwohl die Mutter warnt.

Spätheimkehrer

Aus der Küche Stimmen,
Mutter spricht mit einem Mann.
Fremd, entfernt,
doch irgendwie bekannt.

Im Ehebett mein Bruder, ich,
Wärme kuschelnd, nichts uns fehlt.
Ohren schließen, weiterschlafen –
dieser Mann: ein Störenfried.

Wir kommen gut zurecht,
die Mutter mit uns dreien.
Wir beide schon zur Schule geh'n.
Dazu im Kinderbett die Kleine.

Wenn sie nicht schlafen kann,
schaut sie durchs Schlüsselloch.
Familie Gaus wohnt dort
im Zimmer nebenan.

Ausgebombt, einquartiert!
Die Küche nutzen alle neun.
Oma geht zum Schlafen fort,
morgens ist sie stets zurück.

Er könnte unser Vater sein,
Mutters Mann. Soll ich mich freu'n?
Tagsüber ginge es zu zehnt.
Er müsste nachts woanders hin.

Ich stehe auf, will schau'n, wer dort.
Oh, sieht der blass und elend aus
im grauen Lotterkram – aus fernem Land gefloh'n,
so anders als Mutters Schilderung.

Nicht auf den Schoss, nicht streicheln jetzt!
Schon ist's gescheh'n – ich geb' mich drein.
Müssen Mädchen Väter haben?
S'ist bittersüß – wie erster Wein.

Die Welt der kleinen Wesen

Elfen tanzen im Mondenschein
mit silbernen Schuhen aus Tau.
Feen schleiern den Wiesenrain,
damit wir sie nicht schau'n.

Gnome kriechen des Nachts aus Löchern,
rücken das Unrecht zurecht.
Kobolde sitzen auf Ästen und kichern,
weil dies nicht immer gelingt.

All die kleinen Wesen verströmen
fröhliche Energie,
damit die Erde nicht versinkt
in nächtliche Melancholie.

Kinderängste

Grauer Riese Zeppelin
stumm am Himmel schwimmt.
Treibt mich weg vom Rasenstück,
schnell zur Treppe, hin zum Haus.
Doch mein kleiner Bruder zieht
reißt verzweifelt mich zurück.

Hinunter zum Keller! heult der Alarm.
Schnell noch einen Blick hinaus:
Rote, grüne Tannenbäumchen
segeln nieder. Silberschlangen
hellen Nacht. Schließlich finden
wir uns sicher zwischen Kohlen.

Zeugt jetzt ein himmlisches Licht,
gefolgt von Höllenkrach,
vom kommenden Jüngsten Gericht?

2. Orchestersuite H-moll – J. S. Bach
(in neun verschiedenen Rhythmen)

Im flotten Laufschritt durch den Tag,
auch wenn die alten Beine ruh'n.
Den flotten Pendler lass herein,
gegrüßet sei die Frohnatur.

Puppen ruckeln jetzt vorüber
Tänzer schweben übers Land,
EinTrauermarsch naht nun von fern
Menschen tragen schwarz den Schmerz.

Doch am Ende kehren schon
unbekümmert die Schwätzer wieder.
Sie tanzen ohne Übergang ein
edles Hochzeitsmenuett.

Es folgt gedankenschwer, geschweift,
der Philosophen Streitgespräch.
Im Spiel sind Kinder schnell vereint.
Hörst du ihr Hüpfen, Fangen, Springen?

Um Lebenslust und Lebensschmerz,
um Sehnsucht und Geborgenheit
hat der Takt sein Netz gespannt,
geknüpft aus feinen Seelenfäden.

Alan Kurdi (3 Jahre)

Leider braucht Kanada keine Friseure.
Drum will nach Griechenland die Familie,
nur raus aus dem zerstörten Kobane,
dorthin, wo man in Sicherheit lebt.

Weg, nur weg, auch aus der Türkei
mit bezahlten Schleppern, einerlei.
Doch plötzlich verliert das Schlauchboot an Luft.
Der Führer springt ab, er schwimmt zurück.

Aus Not ergreift der Vater das Ruder,
und weiter strömt die Luft ins Meer.
Der Wellengang, der wird höher und höher,
die ersten Menschen verlieren Halt.

Erst nach Stunden kommt die Rettung.
Nicht zu halten war der Junge,
nicht der Bruder, nicht die Frau.
Die Leichen spült an den Strand das Meer.

So geht das Bild von dem syrischen Kind
in blauen Hosen und rotem Hemd,
nicht schlafend, sondern tot im Sand,
als Mahnmal um die ganze Welt.

Naturbetrachtungen

Frühling

Nach eisigen Tagen ist Wandlung gescheh'n.
Verzogen hat sich der kalte Wind,
am Himmel kaum noch Wölkchen steh'n.
Die Amsel schon ihr Brautlied singt.

All Körperliches schwindet dahin.
Der Geist allein schwebt durch den Äther,
Wonne badend wirbelt der Sinn,
Das Glück des Jetzt erlaubt kein Später.

Ein Tag im April

Die Nacht ist winterkalt,
das Thermometer unter null,
der Morgen neblig feucht,
verschleiert noch.

Dann ist die Luft so schwanger
von Blüten-Sträucher Duft
Und mittags sommerwarm
beim Sitzen auf der Bank.

Frühlingsstürme

Rosa Magnolienblütenblätter schweben zu Boden,
Birkenzweige peitschen biegsam die Luft.
Ein Presslufthammer frisst sich laut durch den Asphalt.
Dazwischen Amseln lauthals zwitschern hoch im Tann,

als ich beinah' über eine Kugel falle,
umgedreht, ein Vogelnest in meiner Hand,
kunstvoll gebaut, jedoch vom Sturm herabgefegt.

Leitern sind nicht hoch genug, die Kinderstube
dort hinauf in katzensichre Höh' zu tragen.
Leider muss das Amselpaar aufs Neue bauen.

Herbst

Als feuerrote Beeren gleich Kaskaden
sich schlängelnd hoch an weißer Marmorwand,
radeln Kinder auf kurvig steilen Pfaden
hinunter zum von Tang übersäten Strand.

Dort senkt die Weide ihr von Herbstes Gnaden
Goldbewegtes Haar über den Sand,
bis Sturm das Meer zu Riesenwogen bäumt
und vom Verschlingen weißer Dünen träumt.

Brautgesang der Amsel

So wunderschön die Amsel singt
im Kirschbaum hoch dort droben.
Ihr Lied zur schwarzen Kiefer schwingt,
zur Braut, die ihm gewogen.

Doch schüchtern kommt von dort zurück
die Antwort, so voll Leiden,
denn Trockenheit war ihr Geschick,
der Hunger nicht zu meiden.

Hör auf zu weinen, zwitschert er,
vergangen ist der Kinder Tod.
Die Luft ist warm und regenschwer,
Viel Würmer kommen hoch.

Ich singe dir mein schönstes Lied
Will frohgemut dich stimmen.
Gib mir nur einen kleinen Wink,
so woll'n in Seligkeit wir schwimmen.

Geerntete Rose

Welch ein Dekor für meinen Schrank,
voll Harmonie mit der Tapete!
Schlicht in zartem Creme der Kelch,
rosa verlaufend hin zur Krone.
Diese Vollkommenheit, bitte bleib!

Heute aber bist du breiter,
Mehr geöffnet der Welt und mir.
Was gestern geschlossene Form, ist heute
Entfaltung, schöner als zuvor
diese Einzigartigkeit.

Dann hast du stärker dich geweitet,
die Blütenstände blitzen gelb.
Man ahnt, wie letzte Kraft dich hält,
Schönheit wahrt, wo Leben ausgereizt.
Ein Foto, schnell, soll dich bewahren.

Das Bild wird bleiben, wenn Natur vergeht.
Doch hoch geschätzt hab ich alleine dich.

Vollmond

Immer wieder Regen,
Sanft vom Wind bewegt,
oder prasselnd sturmgepeitscht.
Immer wieder wasservolle Kübel,
worin Wurzeln schon ertrinken.
Nässe sickert überall,
Wiese knatscht bei jedem Schritt,
Bäche stürzen, Pegel steigen.
Ach, so trübe Landschaft
trübt auch mein Gemüt.

Sehnsucht nach Wärme und Licht
alles Leben erfüllt,
bis schließlich leise in der Nacht,
im Rhythmus der Gezeiten
der Mond sich langsam rundet
und schließlich in der Vollmondnacht
die Wolken sich verziehen
und am nächsten Tag
eine lang vermisste Sonne
endlich wieder strahlt.

Leben ist Energie

Gänseschreie in der Luft.
Wo ist der Teich, wo ist der Bach?
Um mich herum nur Wiese, Wald und Feld.
Doch Schreie schwellen über mir.

Im Pulsschlag der Schwingen
zieht ein schwarzer Giebel
dort oben am weiten Himmelsgrau.
Kraniche fühlen den nahen Frost.

Nun werden weiße Hälse länger,
Flügel scheinen angelegt.
Mit hellen Bäuchen, kurzem Ruder
treiben sie zum Rheinland hin.

Als schwarze Silhouette
ziehen sie der Sonne entgegen,
suchen Wärme, suchen Leben,
wandeln leise Formation.

Dann verschwindet eine blasse
Perlenkette – löst sich auf,
schwindet dort im endlosen Nichts.
Mich erstaunt ein solcher Mut.

Am Anfang war ...

Am Anfang war die Reaktion,
noch ohne Sinn und ohne Trieb,
die Reaktion auf Wasser, Wind
Und auf der Sonne Licht.

Am Anfang war der Gegensatz
Von dir und mir, von Mann und Frau,
Ein Gegensatz der Neugier schafft
Und schließlich führt zur Tat.

Am Anfang war die Illusion
Von einem Land von einem Haus,
War die Idee, vereint mit Kraft,
die Glück und Wohlstand baut.

Am Anfang waren Pflanzen, Blumen,
Baum und Strauch. Die wuchsen, blühten,
Warfen Blätter, sanken nieder,
Wurden nahrhaft frische Erde.

Was immer wiederkehrt

Es leuchten stärker die Vergissmeinnicht.
Der blaue Teppich mir zu Füßen ist
viel größer als im vorigen Jahr.

Der Vögel leiser, schneller Flug. Ihr Zwitschern,
Singen, Zirpen rund umher klang nie
so stark und lebensfroh bisher.

Es sind die ersten Sonnenstrahlen wärmer,
der blaue Himmel tiefer; dein frohes Lachen
freier, als es jemals war.

Und selbst am Abend noch fühlt mild und weich
die Luft sich an. Den Wunsch, mit dir darin
zu baden, gab es so noch nie.

Evolution

Aufrecht erhob sich der Mensch übers Tier,
unversehens wuchs sein Gehirn.
Erreicht ist das Alter von Elefanten.
Doch nun strebt das junge Erdengeschöpf
nach höchsten Lebensjahren,
wie sie gelebt bisher nur von Walen.

Mohn

Etwas länger als ein Wochenende
schwingt im Blumenbeet der rote Mohn.
Länger nur, als Seifenblasen schillern
stehen Blütenkelche fest im Wind.

Öffnen sich mit jedem Sonnenstrahl
etwas mehr, sind ein gastlich Haus.
Den Insekten bieten ihre schwarzen
Kronen immer reichlich Nahrung an.

Wenn dann weit geöffnet der Pokal,
kommt die Zeit, dass Kräfte langsam schwinden,
segelt schwarz beäugtes Rot in Mengen
noch immer nährend auf den feuchten Grund.

Barfuß

Feierabend! Noch immer heiß.
Geschwollene Füße, drückende Schuh'.
Hinaus aus der Stadt!

Dahin, wo Wiesen den Weg begrenzen,
wo Wasser fließen, Bäume Schatten spenden.
Endlich wieder barfuß laufen.

Autsch! Gemähtes Sommergras
macht aus Halmen spitze Lanzen.
Wie war im Frühling das mit dir so schön.

Licht

An der Scheibe bricht das Licht,
glitzernd explodieren Strahlen.
Dort, wo Glas die Sonne trifft,
ist Barriere, Reaktion,
schließlich stiller Übergang
zwischen außen und innen.

Geh' ich in den dunklen Raum,
ist die Sonne gleichwohl drinnen.
Liegt mit freundlich hellem Schein
auf vertrauten Dingen.
Streichelt wärmend meine Haut,
lässt die Seele singen.

Wärme dringt in mich hinein.
Wärme füllt mich ganz mit Sehnen.
Meine Haut ist nicht aus Glas,
nirgendwo Barriere.
Doch die Strahlen aller Sonnen
schenken niemals Liebe.

Spinnennetz

Silberfadenfein kommt und geht
mit der Sonne ein Spinngeweb.
Irgendwo in der Fensterecke
sitzt die Herrin in ihrem Verstecke.

Die Künstlerin ist ein Vampir,
und kommen Fliegen in ihr Revier,
diese schnell ihre Opfer sind.
Leere Körper zittern im Wind.

Mit Spinnen sind Bauherrn
nicht zu vergleichen,
die machen aus Mietern
nicht gleich Leichen.

Und immer wieder neu

Am ersten sonnig warmen Tag
nach Regenguss und Wolkengrau
riskieren schon Magnolienknospen
einen Schlitz im Winterkleid.

Gelb schimmert der Forsythienstrauch,
die Amsel singt ihr Hochzeitslied.
Als Antwort kommt vom nahen Wald
auf sonniger Mauer das erste Date.

Meisen tragen Gartenabfall
ins Gestänge der Markise.
Nein, hier ist kein Nest erlaubt!
Wohnen müsst ihr andernorts.

Zeitenwechsel

Prasselnd tropft es Wasserkreise
auf Asphalt und Fensterscheiben.
Glänzend leiten Lorbeerblätter
nassen Segen leise ab.

Auch die Vögel halten still,
besuchen nicht das Vogelhaus.
Es picken stattdessen unsere Körner
Eichhorn und der Häher heraus.

Verschwunden die Zeit der Wärme,
als Sonne ihre Pracht verströmte,
mit allen Gegenständen spielte
und strahlend dunkle Schatten warf.

Empfinden wir für Ewigkeiten
triste Dunkelheit. So wissen
wir doch von dem Zeitenwechsel,
der uns Änderung verspricht.

Irland

Irland, Inselgrün
aus Weiden, Hügeln, Stein und Moos.
Seit tausend Jahren schon
Rebellen sich die Macht erträumen,
Weib und Whiskey lieben,
dann und wann mit Gottvertrauen kämpfen,
sich den Priestern stumm ergeben,
für den Seelenfrieden.

Gedoppeltes Bild

Spiegelklar
wiederholt die Brücke
ihre Bögen in des Flusses Flut.

Hier Materie,
dort ein trügerischer Schein,
der mit der Sonne Lauf vergeht.

Wasser

Wasserwellen ziehen über den Asphalt,
Regentropfen sprenkeln ihre Flächen.
Satt und immer satter wird das Land.
Über alle Ufer treten Fluss und Bäche.

Nicht mehr sanftes Wellenschaukeln, nicht mehr
Spannung zwischen Ebbe, Flut. Denn plötzlich
geht's um nacktes Überleben, um
Zerstörung allenthalben. Wo ist Gott?

Strand

Wenn Landschaft bernsteinfarben wird,
weil dunkler Himmel sie umschließt,
gefangen das letzte Licht und ich
zwischen Dünen und Meer,
halt ich für kurz den Atem an,
frag mich, ob Leben weitergeht,
oder einfach stille steht,
gebannt für alle Ewigkeit?

Noch nicht vermarktet

Schöne Seetang-Gärten
aus des Neptuns Reich
wachsen dort für Seerossherden.

Werden aus Verbundenheit
kostenlos an Land geschwemmt.
Niemand findet ihren Wert.

Birkenblatt

Herz mit Stiel, so sonnengelb,
schlägt nicht für die Liebe,
nicht für einen großen Sinn,
ankert im Verputz der Wand,
hält dem Herbstwind stand.

Schneeverhüllt, frostgegerbt
harrt es braun und schwach,
bis die Frühlingsschmelz' es nimmt,
treibt auf Baches Grund das Blatt,
wo es Nährstoff wird.

Himmelsgestalten

Wolken ziehen, Abendglühen,
Wasser und Wind,
Energien, erschaffen
durch die Sonne.

Sie gestalten wechselnde Bilder
am großen weiten Himmelszelt,
an Vielfalt unübertroffen,
ungebunden, dennoch Materie.

Letzter Apfel

Letzter Apfel,
vergessen bei der Ernte,
von Vögeln auch verschmäht.
Ahnt er in kalten Nächten
bereits sein Los?

Als Opfer auserkoren
für einen künft'gen Herrn.
Der Zerstörung zu erliegen,
durch König Frost!

Das Los der Schöpfung

Eine müde Rose
hat in ihren schlimmsten Träumen
nicht an Frost gedacht.

Eine junge Frau
dreht behänd im Tanze, hat von
Schmerzen nichts geahnt.

Edel die Gazelle
steht im kühlen See, weiß nichts
vom nahen Krokodil.

So trinken wir des Lebens Fülle.
Jeder steht in seinem Brunnen.
Aufrecht trinkt man in der Jugend,
beugt sich in der Lebensmitte,
krümmt sich dann im Alter nieder
und erkennt doch nicht den Grund.

Zwei Tauben

Zwei gleiche Ringeltauben
sitzen auf des Nachbarn Haus,
zieren technisches Gestänge
einer Dachantenne.

Eine rechts und eine links,
wie am Eingang unten Löwen.
Diese sind Symbol der Macht.
Gurren jene „Frieden“?

Hagebutten

Letzte Rosenblätter weh'n,
decken duftig weich die Erde.
Wo auf grünem Blattwerk einst
Rosensommerpracht erstrahlte,
königlichen Duft verströmte,
Bienen ahnungslos bestäubten,
thronen samentragend fest
kleine Hagebutten jetzt.

Wald

Schattiger Wald in wechselndem Grün,
von Leben durchwoben – Leben schlechthin.

Erholsamer Wald, atmender Wald,
modriger Wald, Vielfalt im Wald.
Forstwirtschaft; Holzwirtschaft;
Verwertung total, durchaus auch global.
Massiv, als Furnier, der Rest Zellulose.
Unbrauchbares verrottet am Boden.

Wunderbar, der Profit ist da!
Ökologen sprechen wahr,
ausreichend Zeichen gibt es schon.
Es gälte sich zu engagieren,
vielleicht Verbrauch zu reduzieren!
Doch wo bleibt dann der Arbeitslohn?

Sich selbst erfüllendes Leben – Baum –
Ein schöner Überlebenstraum?

Biegsame Birke

Sturm beugt wild die Birke,
Zweige rütteln Nachgesang,
dann ist's wieder still.

Friede – einen Atem lang,
bis die nächste Bö' es will
und erneut zu Boden drückt.

Dichte Blätterwedel, die
an Sonnentagen sich im Blau
des Himmels wiegen, fegen Erde.

Wechsel der Zeit

Gold'nes Herbstlaub,
von wehender Hand geteilt.
Was gestern dicht den Baum drapiert,
ward zu Chiffon heut',
das sparsam kahl Geäst verhüllt.

Erntedank!
Auf dem Boden ausgebreitet
liegt ein gelbes Blätterrund,
das die Erde festlich deckt.
So kommt ein Teil der Kraft zurück.

Herbstanfang

Feuerrote Beerenkaskaden
winken den Herbst ins Land.
Rauchfahne steigt über Stoppelacker.
Strohreste werden verbrannt.

Auf den Drähten über Feldern
werden Schwalben mehr.
Erste kühle Nächte treiben
sie zum Sammelplatz her.

Apfelbaum kann nur gestützt
die Last der Früchte tragen.
Saugt die späte Sonne ein,
erwartet Erntetage.

Nass das Laub vom letzten Jahr
sinkt unter meinem Tritt.
Samtbraune Kappen würziger Pilze
Nehm‘ ich gerne mit.

So bin mit Augen ich gewandert,
kehre schließlich ein.
Wärme, frohe Menschen finden
sich beim Beerenwein.

Herbstknospen

Kahle Stämme, dunkler Wald,
letztes Laub hält knittrig braun
sich noch an manchem Ast.

Braun der Boden abgedeckt,
dazwischen Braun der Farn,
hellgrün niederes Gestrüpp.

Von Sonnenflecken angestrahlt,
erscheint ein auserwählter Teil
der Lärche plötzlich golden hell.

Ein Zauber der Magie und schon vorbei,
als wollte jemand sagen:
„Erinn‘re dich, du hattest herrlich bunte Tage“.

Schau’ ich den Buchenzweig von nah,
seh‘ ich an all den vielen Spitzen
kleine feste Knospen sitzen.

So ist schon im November
der Frühling vorbereitet.
Wunder brauchen ihre Zeit!

Herbstgedanken

Nebelschwaden quellen aus dem Tal
Feuchtigkeit hält unten Farne grün,
Gelbe Birkenblätter wirbeln in den Saal,

bis nur noch ein Gerippe ragt ins Grau.
Die Sonne spät erst ihre Strahlen senkt
und schleckt die Perlenstickerei des Tau.

Windböen streichen über Wintersaat,
Regengüsse treiben Wurzelwerk.
Am Totentag schmückt er der Liebsten Grab.

Längst hat der Hirsch im Rudel sich vermehrt,
das Eichhorn sammelt Nüsse im Versteck.
Als Kugel die Amsel sich plusternd der Kälte erwehrt.

Denn Frost ist nah in dieser kalten Nacht,
wo Menschen sich versammeln am Kamin
und wieder mehr aufeinander geben acht.

Ein dichtes Grau den Sternenhimmel deckt.
Mit viel Geschrei keilförmig Kraniche zieh'n,
Weihnachtsbeleuchtung aus Schwermut lockt.

Eigenschaften des Wassers

Es liegt auf dem **Grund**, es wächst und quillt,
weiß noch nicht wirklich, was aus ihm wird.

Es sickert durch Ritzen, erst seicht und sacht,
doch wird es allmählich zu einem **Bach**.

Das Wasser rieselt, rinnt und rauscht
beruhigend leise, beängstigend laut.

Wasser stürzt spritzend bergab und schäumt,
Holz wird umspült oder weggeräumt.

Zwischen Felsen der **Wildbach** gurgelt und grollt,
seinen wirbelnden Strudeln wird Achtung gezollt.

Der **Wasserfall** sprüht und spritzt im Licht.
Am Felsen schäumt heftig empor die Gischt.

Nach der Schmelze Wasser brodelt und tobt
im **Fluss**, der sonst so träge durch Landschaften fließt.

Er bewegt sich zum **Meer**, verströmt sich total,
Wird salzig, windbewegt und global.

Derweil wieder **Regen** tropft auf das Land,
Nährt neues Leben für den Kreislauf der Welt.

Vorfrühling

Nasser Weg mit Spiegelpfützen.
Hinter Zwielichtgrau verborgen
schimmert Sonne.

Manche Felder sind schon grün.
Manche Sträucher zeigen – sparsam
zwar – Dessous

Sie verraten schon die Farbe
ihrer Robe für das große
Frühlingsfest.

Magnolienknospen tief geschlitzt
haben rosaweiße Spitzen
aufgesetzt.

In den Birkenzweigen hängen
Silbertränen. Erste Wolken
bringt der Wind.

Kahl Geäst so hoch da droben,
sei nicht faul! Kehr du den Himmel
endlich blank!

Ein paar Stunden nur der Wärme
fehlen noch, dann ist's vollbracht.
Frühling erwacht.

Flügelschlag

Welcher Flügelschlag
gab aus der Ferne ein Signal
für Sommer im April?
Welche Euphorie
liegt in der Luft,
bringt über Nacht solch’ Blütenpracht?
Die Zierde einer Jahreszeit
entsteht, vergeht.
Insekten sind verwirrt.

Samen

Frühlingserde fühlt
den Samen längst gefall’ner Früchte.
Sie umhüllt ihn feucht und warm,
bis er reif, zum Keimen birst,
zur Sonne drängt und sprießt,
zu werden wie die Ahnen.

Wasserspiegel

Viele kleine Silberknöpfe
zieren rote Weidenzweige.
Schau‘n mit hellen Frühlingsaugen
in den dunklen kalten See.

Und sie schau‘n sich Tag und Stunde
windbewegt und atemstill,
denken warm mit jedem Haar,
denken vor ins Lebensjahr.

Bis der Himmel heller wird;
sie dem Spiegel sanft entschwinden,
der nun sonnenglitzertrunken
Wärme saugt und Leben gibt.

Und sie spreizen ihren Pelz;
lassen gold’ne Fäden quellen,
werden bald zu der Matrone,
die mit ihren Reizen lockt.

Sie gewähren und sie nähren,
selber aufgelöst schon fast,
unter festem Silberhut,
Bienen letzte süße Lust.

Ostern

Mit rosa Blütenzweigen
österlich den Raum geschmückt.
Draußen schwellen die Magnolien,
nehmen ihren Mut zurück,
sich heute prächtig zu entfalten.

Ruhelos die Vögel schwirren
durch ein blattloses Geäst.
Suchen Sicherheit und Rast,
eh' aus nebelgrauem Tag
mächtig Schneegestöber bricht.

Karfreitagsstimmung; Auferstehung;
Symbolik braucht ein Doppelbild.
Und so wissen wir, dass Leben
sich nur duckt und über Gräben
blüht, zum Ruhme einer Kraft.

Magnolie

Als ein weißer Sternenhaufen
grüßt mich der Magnolienbaum.
Frost hat dieses Jahr ihm nichts getan.
Der Frühling gab sich sommerlich.

Von dem heißen Schein verführt,
von der Angst zu spät zu sein getrieben,
öffneten die rosa Kelche sich,
ohne mich, schon am zweiten Tag.

Filigrane Blütenstände zeigend,
beugen sich die Blätter weit,
werben um die Gunst der Freier,
werden weiter, weißer jede Stund'.

Abendsonne glüht durch dünne Haut.
Nur ein Windhauch wirft die ersten nieder.
Schön, dass Nachzügler geblieben sind,
Hoffnung, Offenbarung zu erleben.

Frühling

Auf der Haut ein Sonnenprickeln,
Salzgeschmack auf meinen Lippen,
Farbenpracht quillt aus dem Park.
Würzig riecht die weiche Luft,
Sanfter warmer Wind im Haar.
Ja, jetzt ist der Frühling wahr!

Täuschung

Wirklich,
ich sah den weißen Schmetterling
mit Purpurkörper, prächtig, groß –
aber sicher tot – im Wasser liegen,
das nach starkem Regenguss
nicht so schnell den Abfluss fand.

Ich eilte fort,
keine Zeit, genauer zu studieren,
zu retten, oder auf den Film zu bannen.
Doch, im frühen Morgengrau,
ist alles nun nicht mehr.

Abgetrocknet;
Einzeln liegen Tulpenblüten nur,
gefallen vom Magnolienbaum, verweht,
so farblos matt und klein
auf sauberem Terrassenstein.

Zusammengefegt,
unter den Baum gestreut,
damit der seine Nahrung zieht
aus dem, was Erde wird,
immer schon. – Tot, doch nur zum Schein.

Tulpen

Tulpen, alle weiblich, stehen
In Mengen aufrecht wie Soldaten.
Herrlich farbig, doch so gleich.
Keine fällt aus ihrem Rahmen.

Spät erst, wenn sie voll erblüht,
der Kelch geöffnet, weit sich dehnt,
Innerstes nach außen strebt,
entfalten sie Persönlichkeit.

Grün

Ich sah ein gänzlich grünes Bild,
Strukturen zwar,
Kaum wahrnehmbar ein wenig Licht
Und eine Wagenspur im Gras
Doch fühlte ich, dass nichts darinnen fehlte.

Alles war gesagt,
Weil zwischen Blättern, zwischen Halmen
Still ein Urvertrauen schwebte.
Ob dieses Grün, abstrakt gemalt,
Als Fläche gleiche Wirkung hätte?

Orgie in Orange
(Mohn und Mönche)

Orgie in Orange –
Knittrige Seide zu Kelchen geformt,
vulkanisches Glühen im Gegenlicht.

Modistin der Natur
Schiebt zum Dreispitz Blätter empor.
Darunter quillt es fest plissiert.

Hitze dehnt die Robe
Entfaltet sie zum Festgewand,
bis ein grüner Augenkörper

hinter Wimpern blinkt,
unter Schatten spendenden Lidern
erstmals blauen Himmel sieht.

Oder Männerköpfe,
betend am Tempelboden versunken,
in einer Woge aus Orange?

Drei weiße Rosen

Drei weiße Rosen.
Kann denn Schöpfung schöner
sein?
Schaue sie bewundernd an.
Seh' Erfüllung, ohne Ziel,
schlicht Vollkommenheit.

Bis am nächsten Tag
eine nur verblüht – oh, wie schade!
Hatte ich vergessen fast,
dass zu dem erfüllten Leben
auch Vergänglichkeit gehört?

Sommerhitze

Rosen senken matt
ihre Blütenköpfe nieder.
Sommerhitze nimmt die Kraft.

Eine Wassergabe nur
und schon strecken sie sich wieder.

Schimmert da nicht eine Spur
Dankbarkeit aus dem Gefieder?

Stein

Gepresstes Leben vergangener Zeiten,
in Erdenglut zu Stein geformt,
als Felsen himmelwärts getürmt,
Nahrung und Speicher zugleich.
Alles enthaltend,
in Endloszeiten spendend
über die Wässer,
durch die Krume der Erde,
das Mineral des Lebens.

Die Linde

Meine alte Linde
hat sich festlich heut' geputzt.
Blauweiß schimmert ihr Gewand.
Raureif hat der Frost verwoben,
eng den Zweigen angelegt,
Diamanten drüber.

Meine alte Linde,
sonnensatter grüner Baum,
widersteht der Flimmerhitze.
Ruhe fließt aus breiter Krone
jedem zu, der Zuflucht sucht
in der Inselkühle.

Frühling

Jetzt streichelt Sonne
liebkosend die Welt,
küsst jede Kreatur.

Es treiben Knospen,
es paart sich Getier.
Menschen ziehen Jalousie.

Es leuchten Farben,
es zittert die Luft.
Kinder zielen aufs Tor.

Es werden Autos
und Skier gewachst,
auf Pisten lustvoll gerast.

Grünende Landschaft
wird freudig begrüßt,
Wohlsein in Zügen geschlürft.

Derweil es draußen
tobt und lacht,
gedeiht in Stille Frucht.

Feuerwerk des Frühlings

Ein Feuerwerk der Blütenbäume
schäumt zum Himmelsblau,
Dazwischen zucken Sonnenblitze.
Eros, wache auf!

Nicht nur Sekunden herrscht das Aaah,
die Pracht hält tagelang.
Bis schließlich grün das Leben geht,
Im Kopf den süßen Klang.

Immer wieder neu

Müde den Bildschirm schließen.
Morgen Gedanken weiterführen.
Doch am nächsten Tag
ist der Himmel anders.
Gefühle von gestern
kann ich heute nicht mehr spüren.
Deshalb muss ich neu beginnen.
Immer wieder neu.

Steine am Strand

Bunte Steine am Strand,
moosbewachsen die einen,
andere hell wie Sand.
Dazwischen viele kleine,
die haben vom Himmel das Blau geholt.
Hier und da ein rosa Kiesel gar,
Die saugen in offene Poren
täglich ein Häppchen Abendrot.

So hat auf kleinstem Raum
ein jeder seinen Meister,
seinen eignen Weg,
Ssine eigne Kraft.

Schwebend

Wolken wehen, Wasser wogen,
lichtschluckender Dunst schleiert Form.

Schwimmende Felsen erscheinen fester,
biegsame Gräser widerstehen dem Wind.

Vielleicht das Kind, spielend dort
mit einem Ball, hat etwas länger Zeit.

Mehr als der alte Fischer, mehr auch
als die Frau, suchend mit Stock.

Einmalig schwebend der Augenblick,
schwebend immer alles – von Dauer nichts.

Zwielicht im März

Gleich dem silberweißen Mond
steigt die Sonne – wolkenlos –
winterfeuchte Luft,
doch vermengt mit Frühlingsduft,
schleiert die Konturen.

Stromverteiler über Gleisen,
Fahnenstangen in der Runde,
auch die prächt'ge Mädchenkiefer,
alles weichgezeichnet,
dunstig hell drapiert.

Selbst die Skyline in der Ferne,
angedeutet nur,
scheint sich aufzulösen,
einfach zu vergeh'n
ohne Eisenkugel, ohne Staub und Lärm.

Dahlien

Dahlien blühen dicht,
als wären sie gebunden,
Zu einer Girlande gesteckt.
Darunter kriecht hindurch
Tastend erst und nur
des Nachts, Bodenfrost,
als Vorhut des kommenden Winters.

Übers Jahr

Dicke weiße Flocken,
leicht wie Schnee, sanfte Segler,
schweben überm Tulpenbeet.
Blütentanz, Niedergang
erster Frühlingspracht.
Wind hilft nach,
zaust den Kirschbaum.

Doch schau hier!
Weiße Fliederrispen jung und neu,
Aufbruch im Vergehen.
Immer kommt ein Nächstes
Bis das Land, getarnt in dunklem Grün,
wärmend, beinah unbemerkt,
Früchte nährt,

die zur Reife hin Farbe tragen,
locken zum Verzehr.
Dich erinnern, Vorrat anzulegen
für die kalte Zeit.
Feurig leuchten Blätter.
Abschiedsfahnen trudeln lodernd nieder,
ergeben sich der Zeit.

Denn fürs nächste Jahr
ist der Sieg ganz heimlich schon bestellt.

Zu Gast im Tessin
(Piodina)

In Häusern aus rauem Granit, eng geschmiegt
in engen Gassen, durch Bogen und Treppen verbunden,
Leben in Freundschaft, einträchtig beisammen,
Nachfahren später Kelten und Romanen.

Von luftig hohen Terrassen, wo täglich sich öffnen
vielfarbige Blüten von Pflanzen in Eimern und Kübeln,
schauen sie, die Freiheit stets im Blick,
wie Morgensonne über Hügel steigt.

Wie Morgenlicht auf Schindeln liegt,
dereinst gebrannt aus blassem Schlamm,
den stürzende Wasser durch Schluchten trieb.
Mädchenschenkel gaben Form.

Licht und Wärme fließen langsam,
schieben Dunkel vor sich her
über den See mit Inseln, das Land,
wo Hügel Schattentäler bilden.

Wenn im Westen in rollenden Ketten, erste
Strahlen sich im Schaum des Atlantik brechen,
glänzt die Apsis hier bereits im Licht,
wärmt die Sonne schon den Stein am See.

Licht und Schatten

Bilder, die mich faszinieren –
Licht und Schatten.
Jedes Ding erhält Betonung,
Wiederholung im Begleiter,
Spiel der Sonnentage,
Formen, Farben noch zu steigern
durch den dunklen Schatten.

Auge, trinke du dich satt!
Filme schaffen die Kontraste nie.
Lass Momente solcher Fülle,
diese Stille voller Lust
in mich sinken, tief bewahren,
Trost und Sehnsucht sein
an den grauen Tagen!

Heute nur will ich vergessen,
dass Getreide kräftig steht
dank reicher Gabe von Chemie,
dass grüner Wald von nah besehen
Schaden trägt an seinem Holz,
dass die Wasser tief vergiftet,
dass der Mensch vielleicht bereits
in sich den Keim der Schwäche trägt.

Heute weitet sich mein Sinn,
darf so groß im Größten sein.
Und Kassandras Rufe sterben,
denn mein Frohsinn überlebt.
Schließlich, gut zu wissen auch,
dass die Kräfte der Natur
sich vielleicht alleine regeln,
ohne unser Tun.

Oktober

Gärten blühen hoch in dieser Zeit
Vergessen ist das erste Teppichbunt.
Vielfarbig wolken Dahlien Harmonie,
Gladiolen müssen aufgerichtet werden,
weil sie sonst ihr Schwert in Demut neigen.

Chrysanthemen, Margeriten sprießen
dicht mit tausend Augen, überragt von
Sonnenblumen, strahlen auf zum Licht.
Hoch die Wand hinauf flammt wilder Wein.
Zwischen Unrat tief fließt der Bach.

Sonnenschirme stehen, Obelisken gleich,
im Hof. Kastanien auf den Tischen.
Damen fühlen gern die kühle Glätte
der braunen Früchte in der Hand. Sie
schlürfen voll Genuss den süßen Wein.

Eine lange Sommerstrecke hat der
Kellner in den Beinen, sieht die Früchte
nur als Stolpersteine, kickt sie aus dem
Weg. Gäste holen Jacken. Ein paar
Wildgerichte noch – dann ist Schluss!

Unterdessen ruht ein gastlich Haus.
Auf den Krücken der Erinnerung
naht die stille Zeit, die kein Festmahl,
keine Eitelkeiten braucht. Erst zur
Weihnachtszeit, wird erneut gedeckt.

Krähen oder Blätter?

Endlose Tiefe blaut
Dort überm gold'nen Hahn.
Kein Wölkchen, Wetter braut,
Die Luft gefriert vorm Mund.

Im Schatten der Platanen
unter'm breiten Dach
Schweben dunkle Körper,
Sinken nieder, steigen.

Larghetto scheint der Takt
dort im geschützten Raum,
wo Krähen schließlich finden
ihren Platz im Baum.

Einen Ast berührend,
Löst sich schon ein Blatt.
Gleich Krähenflügel segelt's
Auf gefror'nen Grund.

Milder Südwestwind

Bunte Blätter wirbeln
in der Straßenschlucht
zwischen dem geteilten Wald.
Zum Tanze spielt der Wind.
Erst eine Atemstille
lässt sie niederschweben,
Chausseegräben heben.

Andre löst der Sturm
ab vom schwachen Halt.
Hebt aus lichter Krone
sie zum Himmel auf,
wo gleich dunklen Vögeln
sie sich schwärmend finden,
nach Nordosten ziehen.

Wenn am Abend dann
Stürme immer noch
Strauch und Bäume schütteln,
weiß ein jedes Kind,
dass der Blätterschwarm
kraftvoll weitertreibt
und zum Boten wird.

Viele fallen noch
auf dem langen Weg.
Doch die kleine Zahl,
die das Ziel erreicht,
trifft den Winter an,
gibt ihm das Signal,
das zum Aufbruch mahnt.

November

Nebel schluckt die Ferne.
Nahe Bäume zeigen schon Figur.
Manche tragen noch verschämt
ein gefetztes Herbstlaubkleid.

Sieh, da weht ein Blätterknäuel
über Platten des Bürgersteigs,
unterm Jägerzaun hindurch.
Ach, es war ein Eichkätzlein.

Kraniche flogen gestern schon
am hohen Himmel übers Haus.
Sie zogen als zweihundertköpfiger Giebel
mit Schindeln aus vierhundert Flügeln

und Mutgeschrei aus starken Kehlen
im hellen Vollmondlicht voran.
Sie wussten schon beim Morgenstart
von einer guten Sicht bei Nacht.

Vorbei das sonnengeile Leben,
ein Traum vielleicht, der wiederkehrt.
Jetzt teilt mein Körper atemschwer
mit jedem Schritt den feuchten Nebel.

Gedämpft des Hundes fern Gebell,
gedämpft auch meine Lebenslust.
Mein Wollen seltsam reduziert,
Die Ruhe dehnt und weitet sich.

Da hockt für einen Augenblick
geduckt im Strauch, hinterm Baum
in reichlich dunkles Tuch gehüllt,
die ungeliebte Depression.

„Ich bin bereit, empfange dich!
Steh' auf, zeig mir Gestalt, Gesicht,
erkläre mir dein Sinnen!“ Doch sie
verharrt, löst sich gar auf, ist weg.

Eisblumen
(Das Ganze steckt im kleinsten Teil)

Leben ist Chaos – und Chaos ist Form.
Form ist vergänglich, verändert sich schnell.
Immer steckt im kleinsten Teil
Muster und Plan von dem, was war,
und dem, was neu sich bilden wird,
in göttlicher Vollkommenheit.

Frost und Wasser zaubern nachts,
Wenn Ofenglut erstirbt, im freien,
unsichtbaren Spiel bizarre
Blumen an die Fensterscheiben.
Lassen uns, wenn Morgenlicht
erstrahlt, Schöpfungswunder ahnen.

Dezember Rose

Eine Rose im Dezember
dachte, ihr sei Zeit geblieben,
ihre Blüte zu entfalten,
Bienen sogar anzulocken.

Doch als endlich sie es wagte,
sich zu zeigen, kam der Frost.
Sie erstarrte und verharrte.
Ihr Traum vom Sonnenbad erlosch.

Drei Tage im Januar

Vom Himmel fällt ein flockenweiches Zeichenblatt,
und rührig malt der Mensch das Bild schwarzweiß.
Doch weil Natur den schnellen Wechsel liebt,
hat nie ein Bild aus ihrer Hand Bestand.

Dünner Schnee deckt weiß den Platz,
des Pflasters Regelmaß schaut grau hervor.
Die Spuren eines Reifens ziehen quer.
Ein Fußpaar wandert Tupfen werfend drüber.

Dann, in der Nacht, ein Schneegestöber treibt,
legt dicke Polster allenthalben nieder
auf jedes Ding, auf Wiesen, Baum und Strauch.
So wandelt sich die Welt zur Braut.

Stund um Stunde wachsend sie zum Himmel strebt,
erhalten durch des Frostes kalten Hauch,
Leben schützend unterm Faltenwurf,
erwartet sie den rechten Bräutigam.

Mit sanften Winden kündigt er sich an;
weht ihr den ersten dünnen Schleier fort,
berührt die Haut mit feuchter, warmer Luft
und macht das Hochzeitskleid ihr schwer.

Dann schickt er ihr in Böen seinen Sturm,
umarmt sie heftig, lässt sie wieder sinken,
bis endlich er als Regenguss erscheint
und langsam von ihr spült das weiße Kleid.

Mit ihm vereint kann nun die Braut erkennen,
dass sie, gleich ihm, vorwiegend Wasser ist.
Gemeinsam stillen sie den Durst der Erde
und strömen wellenbildend hin zum Meer.

Welchen Weg nimmt die frühkindliche Erde?

Unermesslich dehnt das Universum sich.
Dunkel ist der Weltenraum,
dessen kleinster Teil Materie ist.
Diese schwimmt beleuchtet oder nicht,
gleich einem Meer von funkelnden Sternen
oder als dunkle Brocken umher.

Jedoch des Universums größter Teil
bleibt Menschen unbekannt und fremd,
besteht aus dunkler Weltraum Energie,
deren Wirkung niemand kennt.

In ihre Bahn geworfen sind Planeten.
Sie laufen seit Millionen Jahren
mit immer gleichem Schwung und gleichem Maß
gebannt um ihre Sonnen herum.

Die kleine Masse Erde hatte Glück.
Sie landete als Klumpen Blei
auf einer Bahn nicht allzu fern von der
Gewalt des Feuers, nicht nah' genug,
um hellauf brennend zu verglüh'n.

Die unbekannte schwarze Energie,
sie wurdc Licht, sie wurde Geist
und hat als Allmacht über diese Welt
die wolkige Atmosphäre gehängt.

In ihren Grenzen blieben nun die Meere
das Weltendampfbad Vergangenheit.
In den Wassern Zellen lernten atmen,
fanden aus sich selbst heraus
ihr Muster im Chaos, um teilend sich zu mehren,
konnten schließlich lebend gebären.

Das Land ragte auf, ward fest, begann zu grünen.
Einige Arten wagten sich hinaus,
besiedelten langsam fruchtbare Täler der Erde,
durchwebten Wälder, Lüfte und See.

Dann, ein Wesen wollte weiter schauen,
reckte Schultern, hob den Kopf,
Schaute so verwundert in die Weite
Zog tief atmend Sauerstoff.

Sog ihn staunend bis ins kleine Hirn,
blähte sich. Sieh da, es wuchs,
Bis sein Menschsein ihm wurde bewusst!
Mensch formte die Erde nach eigenem Sinn.
Nun drehte die Schöpfung sich nur noch um ihn.

Er sprühte heftig Kopfenergie,
um Regeln des Himmels zu versteh'n,
bebaute das Land, züchtete Vieh.
Er fragte, wohin die Sonne geht,
von wo sie morgens aufersteht.

Sein täglich Handeln lehrte ihn entscheiden.
Mit dem Tun wuchs der Verstand.
Er lernte gut und böse unterscheiden.
Schließlich hat er die Schönheit erkannt.

Doch einig waren sich die Menschen nie,
denn ihre Geister sind gebunden
in einem engen Raum. Hier finden sie
ein gleiches Ziel. Doch außerhalb
erwählter Lieben stehen Fremde,
brechen Harmonie, soziale Bande.

Global agiert die Wirtschaft für Profit,
und Theorien spalten Religionen.
Menschen finden sich bereit zum Krieg.
Ein jeder die eigene Wahrheit im Kopf:
„Wir wollen das Böse der Welt besiegen,
zerstören notfalls auch uns selbst."
Gefühle der Sehnsucht nach Freiheit,
Liebe, Frieden bleiben dabei unerfüllt.

Am Meer

Ich sehe das Meer, wie die Wellen rollen
schaumgekrönt zum Strand
verlaufen, zerfließen zu beinahe Nichts,
schicksalsgleich im Sand.
Frage mich, was dies Wasser gesehen
auf seinem weiten Weg,
wie es in endloser Tiefe nährt,
und manchmal auch zerstört.

Letzter Schnee

Letzter Schnee fährt Huckepack
mit meinem Auto in die Stadt,
wo Kinder aus dem Garten fragen:
„Können Sie den rübertragen?
Wir dürfen die Straße nicht überqueren.
Diesen hier kratzten wir von der Erde."

Ein kleiner Klumpen zu ihren Füßen
lässt Schneemann-Gedanken sofort verfliegen.
„Der Schnee ist zu nass, ich bin in Eile!"
Im Gehen hör' ich, wie die Kleinen
neue Passanten um Gleiches bitten
und diese ebenfalls verneinen.

Später schau ich vom Schreibtisch auf.
Die Sonne glänzt im Forsythien Strauch.
Weit und breit gibt es keinen Schnee,
nicht im Garten, nicht auf dem VW.

Der Vulkan

In Meeresmitte die Insel, aus Feuer geboren,
Wo mutige Menschen seit Tausenden von Jahren
aus fernen Ländern über die See gefahren,
dies fruchtbare Land sich zur Heimat erkoren.

Dort, wo La Etna zu den Bewohnern spricht,
versteht man seine Gebärden, achtet die Kraft,
die manchmal Zerstörung, immer Fruchtbarkeit schafft.
Wer einmal dort lebte, sehnt sich nach diesem Gesicht.

Qualmt Etna friedlich, leise vor sich hin?
Oder lässt er wie Spielzeug Häuser stürzen?
Schickt er weiße Kringel in blaue Luft?

Oder steht ihm nach Feuersbrunst der Sinn?
Derweil Sizilianer den Alltag mit Frohsinn würzen,
Treibt and're die Sehnsucht zurück, geleitet vom Inselduft.

Fingerhut

Digitalis blüht
Stolze Kerzen weiß und rot
heilen kranke Herzen,
richten sich hoch auf, holen
von Himmel und Erde Kraft.

Gesellschaft

Seifenblasen

Wie seifige Massen
Luft einlassen!
Wie die Blasen mit dünner Hülle
Leere fassen
Wie sie schillern in allen Regen-
bogenfarben!
Wie sie Spannung dehnen,
bis sie platzen!

Sport

Sport ist Mord,
Sport macht fit,
Sport gibt mir den rechten Kick.

Sport ist Plage,
Sport strengt an,
Sport verlangt den ganzen Mann.

Sport macht Presse,
Sport wird diskutiert,
doch wer's nur am Stammtisch tut, verliert.

Sport ist cool,
macht im Kopf so herrlich klar
ohne Anabolika.

Bergwanderung

Heute ist so ein herrlicher Tag,
an dem ich etwas unternehmen mag.
Der Gastwirt führt auf den Hochobier,
meine Sportlichkeit, die glaubt er mir.
Zwei weitere Wanderer sind schon dabei.
Der Wagen steht wartend für uns bereit.

Tief unter uns glänzt blaugrün der See.
Wir stapfen munter aus dem Wald in die Höh'.
Von Dörfern getupft ist das grüne Land,
doch vor uns steht jetzt die graue Wand.
Der Weg wird zum Pfad, der Pfad zum Steig.
Schnell finde ich Tritte, ergreife das Seil.

Des Führers Lob macht uns stark, gibt Mut.
Das Hüttenvesper gibt Kraft, schmeckt gut.
Dann geht es zurück den gleichen Weg,
doch plötzlich erscheint zu steil der Steg.
Gleich neben mir stürzt die Leere zur Schlucht,
versetzt mich in Panik mit aller Wucht.

Ich wage nicht mehr den kleinsten Schritt.
Nur lähmende Angst sitzt mir im Genick.
Jetzt hör' ich vernebelt des Führers Befehle.
In Trance meine Füße sich abwärts bewegen.
Schließlich sind wir gesund im Tal.
Die Tour soll zukünftig machen, wer kann,
nicht ich!

Der nackte Fuß

Lichter Schatten von erstem Grün
spielt windbewegt auf ihrem Fuß,
der glänzend hell aus langem Rock sich streckt.

Die Sonne geht, die Lüfte ruh'n,
vom Wald her feuchte Kühle sinkt.
Sie zieht den Fuß hinein ins warme Selbst.

Räume rundum zünden Licht,
Menschen sind aktiv privat,
dazwischen formlos: dunkelblaue Nacht.

Im Garten könnte sie versinken,
in schwarze Stille, Einsamkeit,
dem Leben andrer aufmerksam nur lauschen.

Ideen

Von Ideen leben wir,
bauen auf, richten ein.
Geheimen Zauber lösen wir,
staunen über Möglichkeiten.
Setzen Zeichen für das Wissen,
Zahlen erklären uns die Welt.

Mit manchen guten Ideen auch
stürzen Menschen übereinander,
richten zugrunde, erst den Feind,
später Völker und auch Länder,
schließlich auch sich selbst. Was bleibt,
ist mühevolle Existenz.

Autobahn

Tiefe Sonne flutet Strahlen
auf das Band der Autobahn.
Zum Fluss mutiert mag sie prahlen
von dem Werk, das Menschen getan.

Zwischen Technik und Natur
stehe auf der Brücke ich.
Ein Betrachter bin ich nur,
sie wurde erschaffen ohne mich.

Unten blitzen Limousinen,
kommen näher und verschwinden,
wie von Geisterhand getrieben,
Landschaft schnell zu überwinden.

Plötzlich dort ein Augenpaar,
ein Mann, er lässt das Steuer, winkt.
Die Wirklichkeit ist wieder wahr,
Ich grüß zurück, bewegt, beschwingt.

Oh Gott, so nah der Brückenpfahl,
wieso reißt er das Steuer nicht?
Schau dort! Nicht mich! Wenn doch,
erkenn in mir die große Angst um dich!

Krachen, Quietschen, weh' mein Ohr,
Höllenlärm mit Widerhall.
Schwefelflamme schießt empor.
Mein Kopf ist leer, doch dann: Der Mann?

Endlose Tiefe, Stufe um Stufe,
heiß die Hand am rauen Stahl
Hoffnung jagt, es treibt die Schuld,
Vertreibe, Wille, diesen Wahn!

Umsonst – zu Ende – lebensleer.
Zerstörung lastet schwer am Ort.
Ein Tuch, das mir das Haar gebunden,
leg' ich ihm aufs Gesicht, dann fort, nur fort.

Freiheit und Notwendigkeit

Aufwärts dreht sich die Spirale,
Freiheit wie Notwendigkeit im Blick.
Doch der Menschheit Linien spalten sich,
finden dreigeteilt den Weg.
Wohlstand und Wissen werden vorangetrieben,
Unternehmer müssen ausprobieren

Andere mühsam Anschluss finden.
Der große Rest dem Elend nicht entflieht.
Erhoffter Segen wird zum Schrecken.
Schon antike Hexen wussten:
„Dass die Erde, Äther, Chaos, Meere,
Felder, Felsen dereinst sprechen werden.

Auch wir hören wohl, wüssten manches,
können dennoch wenig tun.
Hoffen auf ein drittes Wunder, hoffen,
dass ein großer Geist uns're
Sünden tilgt, die Atmosphäre flickt.
Dass die Erde nicht den Kindstod stirbt.

Phantasie und Wirklichkeit

Malen will sie oder schreiben,
wusste dies in frühen Jahren.
Heiraten will sie schließlich auch,
vergisst die Jugendwünsche einstweilen,
Stellt Notwendigkeit voran.

Haus und Garten wollen gepflegt,
Kinder versorgt sein, bei Laune gehalten.
Auch erzogen sollen sie sein.
Freude wollen alle haben
mit ihr, an ihr, als erster: ihr Mann.
Stolz erscheint er bei den Freunden.
Seine Kinder wohl geraten.
Schon hat sie es fast vergessen, wie
Schreiben, Malen ihr wichtig waren.
Später will sie Träume leben.

Der Türklopfer aus Bronze

(Massa Maritima/Toskana)

Schau, ein schöner Frauenkopf!
Nimm ihn, drück ihn,
komm herein!

Drinnen wohnt das Gegenstück,
freundlich, warm,
gesprächsbereit!

Essbares ist meist im Topf.
Lecke, schmecke!
Wein ist nicht weit.

Das Haus am Meer

Noch habe ich einen alten Schlüssel
für das verkaufte Haus.
Ich putze die Fenster und treibe damit
die dunklen Gestalten hinaus.

Wie waren wir hier als Kinder glücklich!
Im Strandhaus malte ich schon
meinen vollen Namen richtig
auf altem Firmenpapier.

Verwandte kamen angereist
aus Leipzig, Frankfurt, Wien.
Ich spielte mit Vettern und Cousinen,
die sah ich sonst nie in Berlin.

Als ich mich jugendlich schon fühlte,
berieten die Väter für Stunden:
Nach England sollten die Kinder gehen,
Bis die Nazis überwunden.

Nun bin ich schließlich alleine zurück.
Eltern, Freunde sind nicht mehr,
Erinnerung haftet an jedem Stück.
Drum fällt mir der Abschied entsetzlich schwer.

Freundliche Welt

Welt, Welt, freundliche Welt
hinten im Garten und weiter hinaus.
Doch nicht zu weit, denn schon in der Stadt,
die zum Greifen nah, täuscht der Blick,
ist Leben manchmal unglaublich fremd,
ist leider viel Elend in manchem Haus.

Zigeuner

Im Kirchhof auf kalten Stein
ein buntes Fransentuch
unter bunten Rock gelegt.
Drauf sitzt sie, die Zigeunerin,
im Schatten der Kathedrale,
den Kopf weit vorgebeugt,
schlafend über dem schlafenden Kind.

Der Bettelalltag war wohl heiß.
Hier ruht sie, bis die Tore schließen,
bis ihr Mann sie holt,
die Euros aus den Taschen stülpt,
dabei den warmen Körper fühlt
und außer Geld auch sie begehrt.

Und schließlich haucht sie „Ja“,
als er das nächste Baby zeugt
– Familienkapital –
Der nächste Mitleidheischer,
Geldeintreiber für die Zeit,
wenn dieses Kind hier läuft.

Tragikomödie des Lebens

Ist es nicht das immer gleiche Wort,
die gleiche Tat, die dich erbost?
Sind es nicht die gleichen Menschen,
gegen die du kämpfst?

Bist du siegreich hier,
dann faucht es dir entgegen,
schneller als gedacht
aus Hydras acht verbliebenen Köpfen.

Alle sind nur in der Welt,
damit der Irrtum Blüten treibt
und neben menschlicher Tragödie
auch die Komik lebt.

Jeder sucht sich sein Podest,
auf dass sein Spiel, das er
im Morgengrauen täglich neu beginnt,
weithin gesehen werde.

Du suchst den Beifall,
einen Hauch Bewunderung,
weil das Licht, die Luft des Lebens,
erst so gewürzt genießbar wird.

Drum setz dich endlich hin
und werde weise, wissend,
dass du Kraft vergeudest lebenslang,
dass du Gesetzen nicht
entfliehen kannst, die doch
ein Teil von jedermann.

Fahre fort, mit Ärger und mit Freuden
Gottähnlichkeit zu suchen.
Vielleicht gelingt es dir
in einem kurzen Augenblick.

Kostümball

Faschingstreiben,
Heiterkeit!
Wir wollen uns verkleiden,
sind bereit
zu diesem oder jenem Scherz,
nehmen heute Nacht nichts ernst.

Hallo Jürgen,
du ein Pirat?
Lüpfe deine Augenklappe,
hebe deinen Bart,
sonst komme ich ins Wanken,
kenne mich nicht aus.

Du erstaunst mich,
little princess!
Lächle, tanze, tobe,
wenn du willst, so schrei!
Du kannst hier alles finden,
nur nicht Sicherheit.

„You give me fever“
stöhnt es in den Saal.
„All you need is love“
kommt gleich hinterher, beim
„Everybody needs somebody“
hält sie‘s nicht mehr aus.

Sie rennt hinaus zum Telefon:
„Wie geht es Opa?
Mutter, sag‘,
geht es ihm besser?“
„Leider nein.“
„Was ist mit ihm?“
„Komm zum Abschied, bitte schnell“.

Stängel, Stecken, Stab

Lebensgrüner Stängel;
ist ein Teil von einem Ganzen,
von Lebenssaft durchströmt,
Blume oder Narbe tragend,
Wurzeln saugend – ein Organ
zwischen erstem zartem Trieb,
der in sich Entfaltung birgt,
bis zum Fall nach Lebensfülle.

Abgebrochen ist der Stecken,
nur noch ein fragwürdig Teil,
das zum Kühehüten taugt,
Kinder zu bedrohen auch
oder so zum Zeitvertreib
für manch leichte Schnitzarbeit.

Für den festen Stab jedoch
wird edles Material gewählt,
An Tradition die Form gebunden,
damit als Attribut er diene,
dem, der Macht anstrebt.

Den Weisen und den Alten
gönnen wir des Stabes Halt.
Ein kleines Stäblein nur
genügt dem Dirigenten.
Jedoch der Christen guter Hirte
Mehret seine Würde
durch den Ring, die Mitra,
Robe und den Stab.

Schafe weiden nicht in Kirchen
sondern dort, wo Halme sprießen.
Menschen drängen zwar in Kirchen,
säumen oder finden ihren
Gott doch überall und nirgends –
ohne einen Stab.

Endzeitgedanken

Herumhängen, kraftlos
mit einem Schatten auf der Lunge,
sagt das Röntgenbild.

Du wirst mir helfen,
zuletzt auf einen Turm zu steigen.
Dann werd' ich fliegen im weißen Kleid
mit Buchenstämmen rings umher,
die auf der Wetterseite beschneit.

Den Startschuss zum Sprung,
wenn niemand weit und breit, geb' ich,
vom rechten Handeln überzeugt.
Du rufst derweil die Polizei.

Doch dann dein Prospekt
mit möglichen Reisen im nächsten Jahr
in Länder mit Sonne, Meer und Strand,
wovon ich träumte und wo ich noch nicht war.

Der Lungentest heute: „Alles normal"!
Der Infekt geht vorüber, aber klar!

Masken in Venedig

Weiße Masken in Venedig
treiben schweigend durch die Stadt.
Keine Augen, keine Stimme
lassen die Person erahnen.
Niemand wird den Schleier heben,
der die Wirklichkeit verbirgt.

Nur die Maske geht vorüber.
Sie allein erzählt Geschichten,
dekoriert die alten Plätze.
Sie berührt dich und entführt
mit deiner Phantasie zu sich,
in ihre schöne fremde Welt.

Vielfalt in Europa

Es wird zu kühl,
um draußen faul herumzuliegen.
Bewegung suchend gehe ich
am Rosenbeet entlang
und schneide hier und da
verwelkte Blumenköpfe ab.
Haben Knospen angesetzt?
Wie lange reicht die Kraft?
Ob auch in diesem Jahr
die allerletzte Wärme
späte Blüten treibt,
die im November dann
der erste Schnee bestäubt?
Doch während wir
des Sommers Abschied ahnen,
flammt dort in Portugal
erneut ein Waldbrand auf.

Verkleidung

Sieh dort die schöne Braut
mit weißem Kleid und goldenem Haar!
So geht die Unschuld in die Welt.
Jedoch die Mütter weinen,
sehen unter Tüll und Spitze
schon die Alltagsschürze
für den lebenslangen Dienst.

Sie wissen, dass der Brauch
vor jedes Pflichten-Einerlei
die Festtagsmaske setzt,
Die dann in der Erinnerung
ein Bild bewahrt, das später tröstend
als ein Lebenshöhepunkt
hinein in schwere Zeiten winkt.

Automalerei

Mit dem Auto Linien malen auf Asphalt,
gezeichnete Ordnung,
Leuchtspuren der Nacht,
gesehen am hellen Tag.

Weich den Sound bedienen, Servo-
Leichtigkeit beim Manövrieren.
Ab und an ein kleiner Herzstillstand,
weil meine Euphorie gestört.

Mit Schwung die Autostrada nehmen,
Ausfahrtsnamen eliminieren.
Landschaft kommt in meinem Maß geeilt,
Entflieht im Augenblick, da sie mich sieht.

Gefahr? Gewiss !

Jedoch die Lust durch Fortbewegung
zwischen Wunsch und Ziel, Körper-
schwere aufzulösen, Tanz
zu zelebrieren, macht mich high.

Balkon

Auf dem Balkon – laue Luft –
Anzug raus.
Auf dem Balkon – Frühlingsduft –
Anzug rein.

„Jauchzet, frohlocket!“ klingt es in mir.
Großer Chor!
Worte der Freude, Gefühl von wir.
Suggestion?
Kulturbewusst – Geniales genießen –
Dankbar dafür.

Klagen wir die Winde an?

Manchmal, wenn heiße Winde über Berge zieh'n,
wedeln wir mit Skiern über roten Schnee.
Weites Land wird dann bestäubt vom Wüstensand,
der unbemerkt mit heimischer Erde sich vermischt.

Manchmal, wenn Winde über dem Meer zwischen
Kontinenten heftig kreisen und dreh'n,
verfehlen hoffnungsvolle Menschen ihr Ziel.
Sie hatten in ferne Zukunft investiert,

doch werden entkräftet nur wenige angespült.
Viele verstummen, gehen im Meer verloren,
mischen sich nicht mit Menschen im reichen Norden.
Die suchen schweigend Antwort, vielerlei Schuld.

Bahnhof

Ausharren
in der Zugluft am Bahnsteig.
Warten
auf die Bahn, die sich selten verspätet.
Frieren
vermeiden durch stetes Trippeln.
Gedanklich
den Arbeitsplatz vor Augen.
Hoffen,
dass der Tag gelingt.

Wiederholung der Geschichte?

Mohnfelder blühen in der Toskana
Kantige Türme gestalten Himmels-
blau. Zypressenalleen geleiten
zu Höfen inmitten von Wein und Oliven
in einer Landschaft weiblicher Formen,
die abends in glühendes Licht getaucht.

Touristenströme bewundern Kunst,
Plastiken, Bilder vergangener Zeiten,
Gotik und Kuppeln der Renaissance.
Sie stillen Durst an fernen Intrigen,
Verspeisen Geschichten von Wohlstand und
Kriegen,
bewahren durch Dasein die alten Kulissen.

Guelfen oder Ghibellinen?
Papsttreu oder dem Kaiser ergeben?
Gottesstaat oder Republik?
Handel aber um jeden Preis!
Das waren Themen von Leben und Tod,
sie schieden Regionen wie Familien.

Ideen zerreißen auch heute die Welt
Im Islam gewinnt die Orthodoxie an Macht.
Rhetorik wird radikal zelebriert,
das Wahre häufig verteufelt im Leben,
das Schöne von Aktionismus verzehrt,
das Gute vom Ulema interpretiert.

Drum lasst uns wahre Worte brauchen,
Schönheit jeden Tag begleiten,
Gutes unser Maßstab sein!

So unsicher die Welt ?

So unruhig der Wald.
Eicheln und Kastanien fallen,
Äste knacken, unsichtbare
Mäuse oder Vögel rascheln,
Sonnenflecken schwanken
über Laub und morsches Holz.

So unruhig die Luft.
Entfernt spurt eine Bahn,
die pfeifend bremst und schiebt.
In Kurven Motorräder jaulen,
Rotorflügel schrauben knatternd
ihren unsichtbaren Weg.

So unsicher die Welt.
Schon hoppeln wir gleich Hasen,
ängstlich Lauscher aufgestellt,
durch Geräusche aufgeschreckt,
bereit zur Flucht vor Jägern,
wissend, dass es Flucht nicht gibt.

Fahrt in den Abend

Bis tief in den Asphalt hinunter
strahlen drüben Lichterstelzen,
ziehen dunkle Dosen nach.

Vor mir sind sie rot markiert,
spritzwasserwolkenhell umhüllt,
geschnürte Reihe im nebligen See.

Autokettenzüge tragen
dich und mich direkt hinein
ins lichtbekränzte hochgetürmte
Wasserwolkenkissenbett.

Derweil die Elster nebenan
das große Spiel von Hell und Dunkel,
Schwarz und Weiß im Kleinstformat
auf sich allein vereint.

Sie geht von allem unberührt
mit nickendem Kopf im Stakseschritt
im Todesstreifen auf die Jagd.

Werbung

So einfach wär' die Welt,
Wenn man sie recht verstünde.
So sehr die Werbung zieht,
Muss man sie nur befolgen?
Doch ist die Auswahl schwer,
Wer hilft mir beim Entscheiden?

Hier lockt die Einkaufslust,
da zeigt sich der Verstand,
wenn blinkende Massen verwirren.
Es kostet so viel Kraft,
das Rechte aufzufinden,
das Rechte nur zu tun.

Mündig sein in jedem Augenblick,
bis man das Heil dann doch verfehlt
und dem Versagen unterliegt.

Odysseus

Inselhafen.
Wieder in stabiler Welt,
wieder unter euch,
nachdem für Stunden
nur verbunden mit Flottille
– ferner Schutz –
bei der Suche nach Erfahrung
mit und gegen Wasser, Wind.

Auf den Spuren des Odysseus
ohne dessen Schuldvisionen,
sondern als Touristenhelden
mit noch gänzlich weißen Händen.

Aufprall

Einmal: Klatsch! Zweimal: Klatsch!
Hummel gegen Fensterscheibe.
Endlich dreht sie ab.
Hat sich nicht verletzt.

Wie anders doch beim Autorennen.
Männer sitzen in Geschossen.
Zweimal Krach an einem Tag,
zweimal Tod.
Keiner flog aus eigner Kraft.

Winterwetter

Solch weiße Decke ziert den Garten heut,
so dunkel schaut hervor der grüne Strauch,
von dessen dichtem Schutz die Amsel träumt.

Nicht minder weiß gefächert steht der Lauch,
der winterhart mit Vitaminen lockt.
Des Zaunes Rhomben weiß, die Dächer auch.

Vor lauter Kälte mir der Atem stockt,
verdammt, das Schloss zum Auto eingefroren!
Enteiser nicht zur Hand. Vom Himmel es flockt.

Wer hat dies Pech heute für mich erkoren?
Den Kragen hoch, mehrfach gewickelt den Schal,
so laufe ich los, entdecke plötzlich Spuren
weihnachtlicher Beleuchtung in großer Zahl.

Denkmal in Sankt Petersburg

Dunkle Heroen, in Eisen gegossen,
recken Gewehre,
stürmen weiter Richtung Südwest.

Winterkälte half vollenden,
brachte Tod,
im Schnee erstickte Kampfesmut.

Wir sehen Jammer hinter Posen,
zünden Licht,
das eisigen Winden widersteht.

Hoffen, dass sein Schimmer
dauerhaft erwärmt,
durch Herzen beider Völker fließt.

Schicksal

Achtung, Steinschlag!
Schwarz auf weiß
hämmert die Warnung von schroffem Fels.
Nur, es gibt kein Wenden.
Hier auf schmaler kurvenreicher Strecke
hilft nur eines:
Kopf und Schulter eingezogen,
weiterfahren!
Lebensmut steigt wärmend auf
erst beim Ausblick in ein weites
grünes Tal.

Gutshof Palmse / Estland um 1801

Weiße Lampions im Geäst,
nicht eingebracht, als kühle Herbstluft
um des Gutshofs Häuser strich.
Jetzt ist das weiße Rüschenkleid
wieder einmal Schnee bedeckt.

Der Hausherr ist in Petersburg.
Der Hof erwartet seinen Dienst.
Dort herrscht in Willkür streng der Zar.

Der Adel murrt. Die Zukunft zu sichern,
wird ein mutiger Junker erkoren.
Der muss vom Herrscher erlösen das Land.

Als Werkzeug dient das Ordensband,
Symbol der Ehre wird zum Strick.
Im Frühling wird der Zar gejagt
und findet im Versteck den Tod.

Noch immer schimmern Lampions hell,
Nur leicht verschmutzt vielleicht. Doch aus
den Knospen bricht es grün hervor.
Die Zeit für Gäste ist nicht fern.

Jauchzen

Großstadtkinder – Schule – zweites Jahr:
„Herr Lehrer, was ist jauchzen?“
„Nun, wenn ihr euch freut, was macht ihr da?“
„Wir gickeln, rufen jippijeh oder hurra!“
„Gut, aber denkt an die Kirche, das Weihnachtslied.“
„Da kennen wir nur das Halleluja!“
„Denkt an das Volkslied, wenn der Winter flieht,
wenn Flöten, Schalmeien jubilieren,
und Waldvögelein tirilieren.

Ja, du da hinten, was meinst du, Sophie?“
„Ich denke an Russland, es ist lange her.
Die Großeltern sangen manchmal ein Lied
mit – himmlische Heere, jauchzen dir Ehre ...“
„Sehr gut, hier kommt das Wort jauchzen vor.“
Da rufen die anderen wie im Chor:
„Nein, solche Lieder singen wir nie,
die gibt’s nicht im Radio und nicht im TV.“
„Nun gut, das Wort ist heute selten,
es lebt in Kirchen- und Märchenwelten.“

Feuer

Brenne, Feuer, brenne!
Friss alles Irren vom vergang‘nen Jahr,
lösche aus das Mittelmaß!

Lod’re, Flamme, leuchte!
Zeige mir den Weg, mach mir endlich klar,
was ich wirklich kann und will!

Bildgestaltung in Rom

Da sitzt es, das Zigeunerkind,
auf den Stufen hin zum Dom,
streckt jedem Besucher die Hand entgegen.
So sitzt es jetzt in meinem Bild
im Schatten unten rechts.
Den Fokus aber scharf gestellt
auf eine Reihe Heiligenfiguren,
lebensgroß, blendend weiß.

Die Sprengen den Rahmen horizontal.
Ich füge sie ein diagonal
über dem Zigeunerkind.
Auslösen, spannen – geschafft –
Zufrieden gehe ich durch das Bild,
streiche über dunkles Haar.
Gebe nichts, denn seine Tanten
haben mich bestohlen im Park,
und der Ärger ist zu frisch.

Shiva

Shiva tanzt lächelnd durch die Welt,
springt leichtfüßig über Abrahams Schoß,
spendet den Samen der Fruchtbarkeit,
bringt Zerstörung zur gleichen Zeit.
Staunend bewundern wir seine Kraft,
leben im Jubel und fürchten den Schrei.

Sängerfest im Baltikum

Sie sangen für sich selbst
und schöpften daraus Mut.
Für Freiheit sangen sie.
Sie sangen auch für uns:
„Schaut her, wir sind ein Volk.“

Wie fein ihr Lächeln schwang
von ihr zu ihm, von ihm zu mir.
Das Singen tat der Seele wohl,
die nun für einen Augenblick
dort zwischen nordisch blauem Himmel
und der schwarzen Erde schwebt.

Es ruht, im bunt gestreiften Rock
die junge Frau hier auf den Stufen –
Blumen als Kranz um die Stirn gelegt.
Sie sieht entspannt den Markt, vergisst
den schwarzen Klotz, der hinter ihr
als Museum hoch gehängt
frühe Baukultur verdeckt.

Dort suchen in langen Fluren
Nachbarn zu versteh'n
die Bilder der Ahnen aus Zeiten
der schrecklichen Okkupation.

Bewegung

Lichtflecken lodern,
Schatten schwanken
auf dem Kind.
In den Blättern über mir
tanzt die Sonne mit dem Wind.

Wind zaust die Haare,
bauscht meinen Rock
Hoch steigt die Gondel
ins Dunkel. – Kühle Abendluft.
Wie sind Menschen klein und still.

Still steht der Zug
im Bahnhof, Gleis sieben.
Jetzt fährt er an!
Nein, es ist drüben der Zug auf Gleis sechs,
der sich langsam fortbewegt.

Bewegt spricht das Kind
aus eigener Welt.
Es sucht den Menschen,
der hört und versteht.
Doch niemand beachtet, was geschieht.
Verhärtet ist des Kindes Gesicht.

Ambivalenz

Sonnenflecken im dunklen Laub,
Regenspritzer im heißen Staub,
Funken des Glücks in wehen Herzen,
Pausen der Hoffnung decken Schmerzen.

Augenzwinkern in bösen Fratzen,
Zärtlichkeiten für Männerglatzen,
Liebe verspricht die Frau in Lack,
Intrigen schürt der Herr im Frack.

Grünes Moos auf rauhem Stein,
harte Arbeit für süßen Wein.
Welkes wird aus schönsten Blüten,
Falten unter prächt'gen Hüten.

Nicht eins alleine macht den Sinn,
das and're steckt stets auch mit drin.

Nichts

Nichts, Null, keine Erklärung
ist strafender als jedes Wort.
Weil alles im Nichts enthalten ist,
deshalb die Null ist nicht nur nichts,
sondern alles zugleich.
Lctztlich hat das Nichts
mehr Macht als das Etwas,
das vielleicht schlecht,
doch dargestellt, als Gegensatz
endlich begreifbar wird.

Schreiben

Das Wichtigste erledigt.
Das Haus gelüftet,
die Motte totgeschlagen,
Haare, Blätter fortgekehrt,
welke Blumen aussortiert,
Spülmaschine angestellt.
Waschmaschine aufgesetzt.
Nun kann ich wieder schreiben,
sitzen, bis die Venen streiken.

Zwei Falter

Zwei bunte Falter hangeln sich
in balzig leichtem Torkelflug
hinauf in heiße Sommerluft,
die Fühler immer zueinander.
Wo ist für sie der feste Punkt?
Ist es der Partner gegenüber?

Wie ist mein Körper doch gebunden!
Schwerkraft hält mich gut im Lot,
doch die Gedanken steigen hoch
im Zickzack-Kolbenflug.
Wer fängt die kleinen Blitze auf?
Wo spielt zum Tanz heut' die Musik?

Dazwischen

Zwischentöne
bringen Dichte, Weite in den Klang.
Zwischenstadien
treiben zur Veränderung.
Zwischenzeiten
schaffen Seitenpfade,
sanfte Übergänge, zögern Zeit
auf dem Weg vom Kind zum Greis.

Die Alibi Frau

Nachdem der Mann
die Schlacht geschlagen,
darf das Weib
die Säule zieren.

Golden steht sie,
Flügel aufwärts strebend.
Über ihr des Kaisers Adler
fächelt ihren Schwingen Fahrt.

Darf den Lorbeerkranz erheben,
die Standarte weiter tragen
Jetzt im Frieden, nach dem Sieg.

Darf mit schönem Bein
für jeden sichtbar vorwärts schreiten
auf dem eng begrenzten Weg.

Widerstand

Soldat marschierte in endloses Blau,
mit weißen Wolkenschiffen verziert.
Doch plötzlich traf ihn ein Geschoß
aus einem schmalen Streifen Grund.
Man barg ihn tot, was kam, war Krieg.

Er flog im weiten Himmelsblau,
mit weißen Wolken leicht verziert,
Doch plötzlich eine Fensterscheibe,
unerwartet Widerstand.
Den Sperling bargen wir im Kies.

Gebäude

Quadrate aus braungetöntem Glas
schwimmen am Himmel als Hochhausschiff.
Dahinter suchen Sklaven die Zahl,
kämpfen in Schwarz-weiß um Profit.

Quadrate aus heißem Wüstenquarz
zu Pyramiden getürmt am Nil,
emporgestemmt mit Sklavenkraft,
markieren am Himmel Ewigkeit.

Spiegelbild

Spiegelbild, falsches Du!
Ich weiß sehr wohl, wie ich mich fühle.
Schmeichelnd spinne ich Fäden zu dir,
stoße Gedanken in eure Runde,
schlendere wachen Sinnes einher,
von schönen Träumen getrieben.
Schlaffheit ist ein falsches Bild.

Spiegelbild, falsches Du!
Lächelnd will ich mich erkennen,
Kopf nach hinten geneigt,
wirkte früher verführerisch – passé –
Dreifach geteilt das Portrait,
zeigt nicht das markante Kinn.
Spiegel, du hast Fehl im Sinn!

Atempause

Sieh, wie lammfromm liegt das Land! Nur noch
einen Lidschlag wagen Zedernspitzen.
Schwacher Windhauch huscht vorüber,
so als wollt er schau'n und sagen:
„Brav gehalten, nichts gebrochen.
Ruht euch aus, bald komm ich wieder."

Wild und stürmisch war die Nacht,
wildes Rauschen in den Bäumen.
Kinder schlafen in den Morgen,
doch zur Börse muss der Mann.
In New York war gestern Feiertag,
das verschafft auch ihm die Atempause.

Langsamer Tanz

Abendstille.
Bussarde kreisen
im Nachhall der Sonne
am rosa Himmel
überm Hügelkamm.

Wie ruhig sie segeln,
kaum sich bewegen!
Verbinden die Kräfte
mit steigenden Winden
aus mittagswarmem Feld.

Zauber des Fliegens,
lange erträumt,
nie erreicht.
Vielleicht Giselle
Im „pas de deux".

Wenn feengleich
die schlanken Glieder
Linie führen,
schwerelose
Ruhe simulieren.

Vom Willen geleitet,
vom Mühen der Jahre
gestählt, so tanzt sie
die Kunst des Lassens.
Wie es der Vögel Natur.

Fern gesehen
(Springflut in Hamburg)

Göttlicher Apsu!
Deine Enkel musizieren,
Zigeuner sind es, Artisten der Geige,
die Töne an Grenzen treiben,
den Korpus wandeln zum Rhythmusbrett.

„Achtung: Springflut!" erscheint unterm Bild.
Und weiter schwelgen seufzend die Geigen.
Der Hafen wird sofort gesperrt!
Sie treiben wild den Csárdás voran.
Die Flut, die unaufhaltsam steigt,
steht schon handbreit unterm Damm

Den Sturm im Rücken türmen Wellen,
warten nicht den Lauf der Zeit.
Kinder überspringen Alte,
rauschen mit Gewalt heran.
Dort halten Magier Hof, sie ziehen

mit Leidenschaft wehende Bogen.
Menschen toben Beifallswogen.
Letzte Verbeugung – Mitternacht –
Gefahr vorüber! Wechselnde Tide.
Verwüstung beim Nachbarn Dänemark.

Lago Maggiore
Morgen – Mittag – Abend

Zwischen dunkle Hänge schiebt sich
rauchig hell ein Seitenarm des Sees.
Oder ist‘s die schwebende Schwade,
aus steigendem Morgendunst?

Verschleiert die Berge, verschleiert der See,
Palmen wedeln der Hitze entgegen.
Blüten leben leuchtend einen Tag.
Des Wechsels Reiz hält uns in Bann.

Dösen stumm im Sonnenhell
bis zum Explodieren. Schmieren Öl.
Klettern über Felsen in die Flut.
Kühlen bis zum Frösteln unterm Baum.

Flücht‘gen Schmuck ins lichtgesäumte
Dekolleté dunkler Berge legt ein Boot.
Ruhe weitet den schiefrigen Keil,
dessen Gekräusel im Abend versinkt

Während unter Dächern längst
Gäste für den Abend rüsten,
skeptisch rote Haut beschau’n,
erneut um Helios‘ Gnade fleh’n.

Fortschritt

Groß gezüchtet, bis der Duft vergeht
Krankheitsresistent,
bis Geschmack nicht mehr besteht,
Weit voraus gedacht von Zeus,
der menschengleich Pandora schuf,
Ein schönes Weib, das niemals liebt,
an deren Gürtel er die Büchse band,
in welcher sich das Leid der Welt befand.

Des Denkens Unschuld bleibt
als wache Phantasie,
solange nicht durch falsches Tun
ein sinnentleerter Heldenmut
sie öffnet, diese zweite Tür,
die neben der ins Land des Lichtes
langsam auf direktem Weg
zum Untergange führt.

Durch beide Pforten finden wir
Vorerst den gleichen prächt'gen Raum.
Doch gehen dann die einen
beschwingt den Weg der Kunst,
Die anderen jedoch durchschreiten
Sieges-Alleen gelehrter Ahnen,
Suchen in toten Augen Visionen.
Derweil Pandoras Büchse tropft.

Nostalgie

Schamgerötet neigt die Sonne sich zum Horizont,
bereit, für eine lange Nacht sich ganz von uns zu wenden.
Schon wogen schwarze Wellen aus dem roten Mädchenmund,
von Neptuns Sklaven aufgetürmt, geschaufelt aus der Tiefe Grund.

Der Fischer lenkt geschickt sein Boot, getreu der Väter Spur.
Ob Gott der Meere heute ihm vielleicht die Mühe lohnt,
obwohl die fremden Kutter längst die Ernte abgeräumt?
Wohl kaum! Vom Leben wie die Ahnen hat er nur kurz geträumt.

Hochzeitsinsel im Orta See

Drinnen spuckt der Drucker.
Zweifelnd zieht der Kirchenmann
seine Sonntagspredigt.

Ist der rechte Ton getroffen,
alle Menschen angesprochen,
ihre Not bedacht?

Draußen schlendern die Touristen,
zögern Schritt – voll Genuss
schlürfen sie das Bild:

Putten schweben zueinander
Über dem Portal – barocke Häppchen –
Sehnsucht nach Magie?

Grenzen
(Flugzeugabsturz in Griechenland)

Durch die Lüfte unterwegs
betreiben wir im fernen Land
Geschäfte, suchen Urlaubsstrände,
überfliegen die Myriaden
Einer bunten Samenbank.
Reife Früchte an Halmen, Ästen,
lebende Wasser, wachsender Stein,
altes wie auch junges Blut.

So lösen wir Naturgesetze,
zieh'n bequem durch Wolkenwatte,
schauen unter uns die Welt,
provozieren Göttervater
Zeus, der unsrem Frevel zürnt,
schließlich seinen Donner gegen
einen Silbervogel rollt,
der seinen Machtbereich verletzt.

Spurensucher werden ebenfalls getilgt,
damit sich niemand ungestraft,
die Lüfte teilend, Göttergeist verwirbelnd,
nähert dem Olymp.

Schuhe

Schau nicht ins Gesicht,
denn das trügt.
Schau mir auf die Füße,
welchen Schuh ich trage.
Und du siehst sofort,
Was ich will, was ich plane.

Aschkenasim

Sie haben etwas!
Und das alleine ist der Grund,
dass man sie belauert, beäugt.
Sie haben etwas,
das andere nicht entbehren
und doch das Geheimnis spüren,
das die Habenden umgibt.

Sie haben die Lehre,
die alte Prophetie,
die seit tausenden von Jahren
von Kindern studiert,
von Eltern bedacht,
ergänzt und ausgelegt
von großen Geistern,
im Herzen eines Volkes
immer neu verankert wird.

So unermesslich ist der Schatz.
Ein nährender Quell,
ein Vorschuss an Liebe
erhebt zur Einzigartigkeit.
Allen, die ihn in sich haben,
hilft er Leben zu ertragen,
macht sie unangreifbar stark.

Fürs Poesie Album eines Teenagers

Unser Sein ist gottgegeben
gleich der Schönheit der Natur.
Dürfen uns vorm Spiegel drehen
glücklich sein mit unser'm Bild.

Doch die echte Freud' am Leben
finden wir im fleiß'gen Tun.
Aus dem Machen nur kann werden
eig'nes Wachsen lebenslang.

Autofahrt

Mir flattert seitlich Licht ins Auge,
stur mein Blick die Straße hält.
Es blitzt durch alle freien Räume
zwischen kahlen Winterbäumen.

Tief die Sonne hinterm Wald,
folgt sie meiner Autofahrt?
Quält mich so, bis ich versteh'
Ich müsste nur zu Fuße geh'n.

Dann sähe ich gebündelt Strahlen
Sprühen aus der Riesennabe,
schnelle Speichen des kosmischen Rads,
hinter dunkle Stämme gespannt.

Streitkultur

Dass wir immer kämpfen müssen!
Nicht mit Schwertern, wohlgemerkt,
wie noch Kaiser Karl der Große.
Nein, mit einem jeden Wort,
das gesprochen wird.

In den Diskussionen,
wo Gedanken sich verbünden,
zu dem Zwecke, Macht zu steigern,
wird der Einzelne erschlagen,
durch die Wortkaskaden derer,
die Berufsrhetorik üben.

Jeder schwört aufs eig'ne Recht,
Stärke mehren, demonstrieren
kostet Kraft. Und was bleibt, reicht,
Altbewährtes zu erhalten.
Niemand mag sein Paradies erfinden,
nichts verändern, auch nicht irren.

Niemand dient, und niemand herrscht.
Alle dürfen reden, wählen.
Dennoch halten Menschen still.
Ihre Stimmen gehen unter
im Gebrüll von Büffel oder Stier,
während Leben draußen weitergeht.

Wen Leben verwirrt

Wen Leben verwirrt,
der mag vermessen
reichlich filtern,
selbstvergessen
Parolen fressen,
den Rest des Seins
in Schablonen pressen
auf der Suche nach einfachem Weg.

Ich aber will
aus der Fülle leben,
Schönheit fühlen,
Sinne probieren,
Irrtum riskieren,
Wünsche haben,
Schicksal ertragen,
nicht auf schmaler Leiter steh'n,
sondern Pfade finden
aufwärts in die Höh'.

Will deshalb in meinem Leben
nie zu laut, zu weise sein.

Blick zurück ins Paradies

Ich habe den Ort meiner Kindheit verkauft,
den Blick aus dem Fenster, auf Wiesen, Wald.
Die Frühstücksecke, wo Trödeln verboten,
Tapeten, die in Träumen lebten,
Spiele, Geschichten am Kamin.

Dort am Hügel steht unser Haus.
Gleich einem Fremden streif ich entlang.
Kinderräder stehen herum,
Sand hat die grüne Fläche gefetzt,
Darüber schlängelt gelb der Schlauch.

Mutter hat an guten Tagen
Zwiebeln um das Haus versteckt.
Was sie einst erdacht, habe
ich verschleiert jetzt im Blick.
Ihr Frühlingsteppich hat sie überlebt.

Vertrautes ward Erinnerung
Dinge, die lebendig waren.
Bilder, Ursprung von Begriffen,
schweben jetzt entwurzelt, steh'n
auf meinem Bankkonto als Zahl.

Klatsch

Hast du gesehen?
Robert, unser Nachbarsjunge
geht den ersten Tag zur Schule.

Hast du gehört?
Die Buben kicken mittags laut
den Ball an das Garagentor.

Wusstest du?
Robert studiert Ökonomie.
Er hat es mir im Zug erzählt.

Hast du gelesen?
Die bunte Karte in der Post:
Robert zeigt seine Hochzeit an.

Stell dir vor,
Robert erschien mir heute so zart,
sein Haar gelichtet über der Stirn.

Wieso mutiere ich
beim Anblick alter Filme zur
Geliebten, bin nicht alte Frau?

Pfingsten

Adern ritzen, Freundschaft schließen:
Solche archaischen Bräuche
hocken nicht in Wohlstandsbäuchen.

Diese schweben mehrmals im Leben,
buntgeschwärmt, düsengetrieben
in wohlig warmen Thermen.

Fremde Köpfe, fremde Sprachen
lächelnd sich ertragen.
Sind im Traum vom Heil geeint.

Plötzlich rutscht jedoch ein Schluck
Wunderwasser in den Schlund!
Denke lieber nicht,

dass im blauen Grund
alle Säfte sich verbinden!
Krank, gesund, wer weiß, vielleicht

wird des Schöpfers Fluch, einst
gesprochen über Babylon,
heute heimlich überwunden?

Spannung

Spannung beherrscht die Atome,
Spannung leitet das Licht,
Spannung hält die Pole,
Spannung treibt und zieht die Flut,
Spannung lenkt des Mondes Bahn,
Spannung ist zwischen uns normal.
Leider – oder Gott sei Dank?

Der rote Faden

Ja oder Nein,
Tun oder lassen,
Für oder gegen,
Wählen oder sich verweigern,
Eros oder Destruktion.

Lebensfäden sind gewunden,
wirr verschlungen im Knäuel des Selbst.
Siehe, der Deine läuft rot mittendurch.
Folge der Spur, ergreife ihn schnell!

Ein Atemzug

Vor lauter Schönheit der Atem mir stockt.
Gedankenverloren sauge ich doch
die lebenspendende Luft aus einem Bild
von wehenden Wolken und wallender Flut,
von lodernden Schatten, verschattetem Licht,
und lasse mit einem Seufzer der Lust
sie wieder entweichen hinaus in die Welt.

Wasser und Wind

Aus dem Tropfen wird ein Quell'
Dessen Wasser eine Linie treibt
Fließt als kurvenreicher Strom
In die nächste Endlichkeit

Nur der Wellen Rhythmus singt
Der Winde ewig göttlich Lied.

Ist die Mitte leer?

Der Weg der Mitte ist ein Ideal.
Nicht zu viel und nicht zu wenig Mut,
nicht zu viel und nicht zu wenig Angst,
gleich entfernt von Extremen am Rand.

Gedeihen unterm Zeichen Wassermann
künftig Geister, die vereinen
Pro und Kontra, die erfolgreich
lenken hin zur Harmonie?

Ruhe, Ausgleich, schließlich Tod!
So groß der Mittelpunkt im Kreis,
der ausgedehnte Freiheit hat,
so dass er gar zum Chaos neigt.

Der alle Linien in sich birgt,
der Möglichkeiten in sich trägt,
den Gegensatz zu finden,
der aus Leere ihm erwächst.

Der Leere, die voll Spannung ist,
Der Leere, aus der Leben wirkt.
Durch einen Umfang nur begrenzt
von Körper, Weltall oder Kreis.

Klaviervorspiel
von Johann Sebastian Bach

Fein gesponnenes Gold – mein Vlies –
aufgehängt vor der Sonne Brand,
lindernd gelegt auf der Ängste Nacht.

Mittelgebirge Rhein-Main

Wie sanft die Hügelkette dort!
Ich will den Schattenriss erkunden,
wünsche einen schönen Tag.

Siegfried-Quelle schlängelt sich
als Rinnsal durch den dunklen Wald,
tritt heraus in lichte Wiesen, die

sich an weiche Hügel schmiegen.
Büsche schmücken das Gewand,
als Schärpe glitzert hell ein Bach.

Romantik der Armut auf Postkarten nur.
Gesprenkeltes Rind belebt das Land,
der Gast in Ruhe sein Mahl genießt.

Zwischen Siegfrieds Quelle hier
und den Römerwällen dort
beherrschen Giganten die Stadt am Fluss.

Erheben sich gläserne Glieder, stehen
dicht gedrängt die Tempel der Macht.
Drinnen lenken Menschen global.

Anonym
„Der fromme Jude“ von Walter Jens

Mäßig besucht ist das Theater,
hier und da sind Plätze frei.
Und dennoch setzt sich im Dunkeln
Ein fremder Mann dicht neben mich.

Führte der Kassierer
beim Verkauf geheim Regie?
Machte er mit Schalk
vorübergehend uns zum Paar?

Geschlossen bleibt der Vorhang.
Davor der fromme Judas spricht,
verteidigt sich mit Logik:
Sein Verrat war abgestimmt,

entsprach dem Willen Gottes,
ist mit Jesu Wissen passiert.
Judas hat sich geopfert,
sonst gäbe es die Erlösung nicht.

Ein Seufzer neben mir,
Berührungsangst, Arme verschränkt
Hochgezogen das Bein,
über das ferne and're gelegt.

Es gäb' kein Christentum,
den falschen Judas gäb' es nicht,
nicht dummen Judenhass.
Alle warten auf's „Jüngste Gericht“.

Es atmet schwer der Mann.
Atemlos still, daneben ich.

Schweigend erhebt er sich dann,
Jetzt erst sehe ich sein Gesicht

Alleine geht er davon.
Und einsam hallen meine Schuhe
Klar, er trug einen Bart,
Saß hier ein Jude neben mir?
Menschheit

Ist doch Menschheit singulär:
einheitliches Wesen Mensch.
Schließt doch Menschheit jeden ein.
Jeder ist ein Teil davon,
jeder ist damit gemeint.
So kann niemand einsam sein.

Wirbelnder Wille

Wirbelnder Wille treibt zur Tat
Spontan und häufig wirkungsvoll
Egal, ob gründlich nachgedacht
Oder Sinne spielen toll.

In Erschöpfung liegt der Sinn
Erst aus Mattigkeit erwachsen
Sanfte Geister. Jugendweisheit
Quillt für einen Augenblick

Dort, wo sonst nur Greise hin
Gelangen. Könnte man nur diese
Seltenen Momente konservieren
Und in Krisenzeiten konsumieren.

Stadt-Ernüchterung

Vom Hügel schau' ich die Skyline der Stadt,
ahne, dass Leben dort Tempo hat.
Größere Freuden, lohnende Schätze,
wilde Jagden, reiche Beute.
Bin ich schließlich in den Straßen,
sitzen Menschen auf dem Boden,
weder Jäger noch Gejagte,
anonym im großen Spiel.

Kein Kaiser, König, auch kein Mensch
von Adel trägt die Schuld. Kein starker
Führer, dem man trotzen könnt'.
Wie greift man einen -ismus an,
der weltweit längst als Sieger gilt?
Wo Tüchtigkeit zwar Chancen hat,
und doch die Schneise der Verlierer
überall nur breiter wird?

Asylanten

Zwischen Meeren,
in den Wäldern,
unter Felsen,
kriechen, jagen,
ackern, schreiten
Menschen Jahrmillionen ab.

Fliehen Hunger
und Verderben.
Flieh'n einander.
Finden sie
auch heute noch
immer einen neuen Platz?

Nur kein Feindbild malen jetzt

Achtung, zur Seite, schnell!
Springerstiefel stampfen heran.
Dicke Bäuche zieh'n vorüber.
Drüber, als Symbol der Macht,
Glatze ohne Diadem.
Nur kein Feindbild jetzt!

Junge Männer im Park
reden, feilschen, zetern streiten.
Ein Fahrrad sie zur Seite sprengt,
ein Beutel zwischen Füße fällt.
Verschleierte Frauen auf der Bank.
Nur kein Feindbild jetzt!

Neue Triebe steigen meist
im Schutze schützender Pflanzen zum Licht,
Pflanzen, die nicht vom Trauma geprägt,
Pflanzen, die in Liebe gehegt,
Pflanzen mit eigener Identität.
Solchen Nachwuchs jetzt!

Modernes Reisen

Arme sterben früher.
Reiche brechen eher rasend sich das Genick
oder bröckeln plötzlich aus dem Himmel nieder.

Süchtige hingegen
zehren Hoffnung aus.
Wie in Kriegen bleiben Alte und die Kinder
ungeliebt zurück.

Das hatten wir schon

Das hatten wir schon!
Waffenhilfe
für befreundetes Regime,
Beratertätigkeit
im Dienst von Freiheit, Kapital,
das kleine Land und uns
Zu schützen vor der fremden
Staatsdoktrin.

Das hatten wir schon!
Den Waffen folgten die Soldaten.
Stellvertreterkrieg!
Heimatproteste,
die dem fernen Blutzoll wehrten.
Bis Asiaten selbst entschieden,
ob sie Brüder hassen oder lieben.

Genug Desaster!
Keine Waffen in den Süden,
keine Hilfe für die Polizei!
Mohn wächst dort wie Mais.
Regelt nicht auch hier
der Markt das Kapital?
Warum können Menschen ihren
Menschenbrüdern nicht vertrauen?

Joschua und Jassin

Joschua und Jassin,
Rutengänger im Wüstensand,
finden die Stelle,
wo Oasen möglich sind.

Formen die Losung,
setzen den Hoffnungslosen
die Fahne vors Gesicht,
mit Symbolen der Freiheit verziert.

Malen das Bild
von einem eigenen Land,
befreit von fremder Macht
und blühend – wie bisher
nur unter Feindeshand –

Beider Herzblut tropft
– medial vermehrt –
hinein in den schwellenden Strom,
von dessen Ufern sich
seit tausenden von Jahren
Lämmer in die Fluten stürzen,
um ein blutgetränktes Land
dereinst als Paradies zu heben.

Wo sind die Männer von Srebrenica?

Auf der Flucht die ganze Stadt:
Frauen, Kinder, Alte auf der Straße
über Berge in die Wälder die Soldaten.
Sommerregen! Fruchtbar wär' das Land.
Nicht für alle reichen Kräuter, Beeren, Pilze.
Sieger führen Männer ab.

Mir träumt, am Fenster steht ein Kind
Wir haben es gehalten, auch gewiegt.
Jetzt gehen wir davon, es bleibt allein zurück.
Sein Lachen stirbt ein Stück bei jedem Schritt.
Dann schmerzverzerrt sein Köpfchen abwärts sinkt
in unbekanntes Niemandsland.

Zerknirscht der Blauhelm spricht:
Nicht Eltern waren wir, nur das
Gewissen von Nationen.

Paradoxie Demokratie

Unter des Adlers schützenden Schwingen
zur Schau gestellt:
Hahnenkämpfe,
gebeamt in die große Runde
der keifenden Menge,
Wähler am häuslichen Schirm.

Die Zukunft des Landes
bleibt begrenzt durch unbewegliche Bande
mit Schutzfunktion und werbeverziert.
Mannschaften sind mit Macht bestückt,
die Hähne gut genährt,
auf dass das Kämpfen ewig währt.

Hunger
(Auf dem Marktplatz von Krakau)

Eine alte Frau, schlurft
mit dreifach hängenden Strümpfen,
Plastiktüten überm Stock,
ins Café, wo jeder sich bemüht,
den alten Namen hochzuhalten,
ihn wiederzubeleben.

Schnell der Kellner kommt.
Er spricht sie freundlich an,
doch sein Körper wehrt, ist Barriere,
und mein Sprung zu ihm
mit dem Satz im Kopf
„I pay a cake for her“ bleibt aus.

Nun sie wendet sich,
streift meine Schulter fast.
Die Geste hin zu meinem Tisch,
wo Sahne in der Abendsonne schmilzt,
ist schon in mir.
Doch bleib’ ich seltsam klein und still.

Leer ist ihr Gesicht.
Enttäuschung leisten sich Geplagte nicht.
Es wär’ zu oft.
Drum zünden sie das kleinste Licht
der Hoffnung an.
Vielleicht hat sie nur nach dem Weg gefragt?

Dann geh’ auch ich.
Entdeckungsfreude trieb
den ganzen Tag mich durch die Stadt.
Die bleibt nun mit dem Tageslicht zurück.
Statt ihrer schlurft jetzt Unzufriedenheit
als Schatten mit.

Fanatismen

Mancher Irrtum, manches schlechte Werk
wird bald vergessen, wird verzieh'n.

Doch sind Gedanken schlecht
und wollen dennoch uns beschwören,
züngeln sie des Wegs,
versprechen Leben, Wärme, Licht,
versengen Kleinmut, fressen Not,
gedeih'n von and'rer Leute Brot,
bis lodernd Aggressionen schlagen,
die Verführten doppelt klagen
und geprellt am Stoppelacker steh'n.

Vom Spekulativen und Wesentlichen

Schlagzeilen,
Gedanken geschlagen,
am Amboss der Sprache auf Linie gebracht.
Emotionen hochgehoben,
schrill Probleme überzogen,
gedreht, gewendet für leichtes Versteh'n.
Nach Hintergründen nicht gefragt.

Weise Sprüche,
Wahrheit systematisiert.
Vielfalt in der Weisheitsküche,
reduziert zu der Essenz,
die benannt, sehr wohl erkannt.
Auf der Strecke sind geblieben
Alltagssorgen, Alltagsglück.

Wortgeklöppel

Sonntagmorgen – Kirchenmusik –
Hände putzen flink Gemüse.
Ganz entspannt, wenn Verstand
Gedanken legt, gleich roten Fäden.

Phantasie herumspaziert
als Klöppel einmal über,
einmal unter Schnüren,
verschlungene Wege behände führen
mich zu einem Wortgeklöppel,
das die Lippen nie passiert.

Schwärmerei

Was würde ich gern' alles tun,
wenn Tagesträume ich bezwänge,
wenn es endlich mir gelänge,
Sehnsucht einzuschläfern,
Hoffnung auf realen Fuß zu stellen.

Täglich ginge ich zum Sport.
Das ganze Haus wär' gut versorgt.
Kochen würde mir gelingen,
im Beruf macht' ich Karriere.

Meine Kraft versackte nicht
in Phantasie, in Selbstgesprächen,
sondern wäre einfach tatenfroh in mir.

Sternschnuppennacht

Den Kopf im Nacken,
suche ich das sternbestickte Schwarz
des weiten Himmels ab
nach dem Kometenschweif,
der sich dort lösen mag,
wo Räume endlos sind,
der schnell zur Erde zieht
und mir den Wunsch erfüllt.

Ich halt's nicht länger aus.
Der Nacken böse schmerzt,
die Glieder kältesteif.
Ich kehr zurück und da,
ein brauner fetter Falter
mit behaartem Bauch
umschwirrt das Licht am Haus!
Bedeutet dieses nichts?

Attacken

Walnuss knallt mir vor die Füße.
Zeig dich, Bursche, der du mich bewirfst!
Jetzt kläfft auch noch ein Hund nach mir.
Zerberus, ich will dir nichts.

Knurrend, lässt er endlich ab.
Von Angst befreit schau' ich nach oben,
um vielleicht den Baum zu finden,
der ein Nussgeschenk entließ.

Welch ein goldgewölbtes Dach,
lichtdurchflutet, schattenspendend!
Hier der Nussbaum, dort die Kastanie
finden droben zueinander.

Spiel mit dem Feuer

Eingebunkert: atomare Waffen.
Gut gesichert: nukleare Energie.
Aus dem Alltag absichtsvoll verbannt,
wird gebrütet über Kernfusion.

Überväter wiegen uns in Sicherheit.
Nur, dass hier ein bisschen Strahlung fließt,
dort die Waffen lugen aus dem Land
und die Sonde auf dem Weg zum Uranus
über Jahre kleine Fünkchen sprüht.

Kranke Seelen

Kranke Seelen sind so schwer zu motivieren!
Kranke Seelen suchen nicht Veränderung!
Kranke Seelen halten einfach aus, machen dicht,
dienen schönen Götzen, einem Lebenstraum,
wollen „Heile-Welt-Gefühle“ konservieren.

Erst wenn Chaos viel verschlingt,
wenn nach großem Weltenschrei,
das zur Atmosphäre schwingt,
durch den ganzen Kosmos schallt,
ohn’ Erbarmen dort verhallt,
Mutter Erde sich von uns erholt.

Kaum genesen, schöpft sie wieder neu.

Der Mond

Seitlich liegt dein Mondgesicht
auf schwarzem Wolkengrund.
Die alten Züge lichtgestrahlt.
Zum sichtbaren Gefolge zählt
der Glücksstern Jupiter.

Spät in der Nacht, die Ruhe macht
dich größer, weicher, dunkler.
Von deinem geistig Wirken zeugt
ein doppelt großer Strahlenkranz,
erweitert deine Ufer.

Du gibst der Welt den Rhythmus vor,
die Meere fluten deinen Takt,
bist Zyklus uns're Fruchtbarkeit.
Wir fühlen deinen Ätherschlag.
Was dir Gesetz, wird uns Natur.

Geringe Werte halten dich;
und damit uns're Welt stabil.
Drum, bitte, halte deine Spur
und überspringe keine Rille!
Jupiter hält Wacht.

Tränen

Überschäumendes Gemüt –
Wenn in träger Langsamkeit
die Gedanken nicht erfassen,
was das Herz schon längst bewegt.

Harte Zeiten, dennoch Frühling

Humanisten denken schön,
achten jedes Menschenleben,
atmen Menschenliebe,
wollen wohl und strahlen aus.
Toleranz, so hochgepriesen, auch gelebt,
da Anderssein nicht gleich ins Abseits führt.

Und doch umgibt uns Kriegsgeschrei,
Drohgebärden, Strategien,
logistisch gelenkte Maschinerie.
Soldatenvolk längst eingeschworen
auf die Pflicht, bereit zu sterben
für ihr Land, für Frieden in der Welt.

Zu spät geboren sind Dompteure,
haben Kriegslärm nicht im Blut,
schrecken nicht durch Bombenkrachen
oder stöhnende Verletzte aus dem Schlaf.
Waren niemals rundum eingeschlossen,
blickten nicht in heißes, grelles Flammenmeer.

Feuerprasseln treibt zur Flucht,
heiße Winde treiben Samen.
Schwarzer Ruß auf Mauerresten
bietet Schutz, und nach dem ersten
Regen sprengt ein Keimling seine Hülle.
Dann, im Mai ziert helles Birkengrün die Trümmer.

Eine Schaufel Worte

Eine Schaufel Worte rieseln lassen
gleich Gedanken zwischen Häuser
in die Straßen, wo dann Menschen
sie erfassen, drehen, wenden,
manchen Sinn entdecken, schließlich
sich und andere bedenken,
Vorurteile überprüfen,
Möglichkeiten nicht ausschließen.
Manche Türen offen lassen.

Abend

Mein Schatten führt mich
auf Stelzenbeinen bergab.
Die Sonne geht unter.
Zur Jagd erhebt sich die Katz'
vom warmen Platz an der Wand.

Kann nicht tanzen

Kann nicht tanzen heut'.
Weiß, es kämpfen Soldaten,
zerfetzen Menschen
in nahen, fernen Ländern.
Macht sucht immer Feinde.

Liebesfreud
und
Liebesleid

Das Lied der Endorphine

Geschwindigkeitsrausch!
Technik beherrschendes Ich.
Rasender Komet.
Gefahr scheint unwirklich fern.

Höhenrausch in den
Bergen. Leichtigkeit des Seins
zieht Kletterer hoch.
Ohne Mangel, ohne Schmerzen
wagen sie immer ein Noch ...

Feindbild zeugt Blutrausch!
Seelenmanipulation
scheint zu gelingen.
Wer kann Indoktrination
von Mensch zu Mensch bezwingen?

Am Grenzwall zum Tod,
wo letzte Lebenswärme ebbt
steigen Sinne auf,
zeigen himmlische Szenen
oder Höllenphänomene.

Trennung und Wiederbegegnung

Wir fahren im gleichen Karussell,
mal fährt es langsam, dann wieder schnell.
Du reitest hinten auf einem Schimmel,
ich in der Kutsche unterm Sternenhimmel.
Mal kommst du dicht an meine Seite,
dann träumen wir uns in endlose Weite.
Doch dann, an der nächsten Haltestelle
bist du verschwunden in der Menge.
Dann bist Du plötzlich wieder da.
Wir tanzen, das Leben ist wunderbar!

Immer denke ich nur „Du“

Morgens, mittags und auch abends,
immer denke ich nur „Du“.
Endlos rühren, regen, wirken,
immer denke ich nur „Du“.

Treffen wir uns schließlich doch,
sind wir plötzlich wieder jung.
Schenken langersehnte Lust,
die wir verwahren lebenslang.

Kaffee und Du

Kaffee und Du
lassen mich des Nachts nicht schlafen,
stattdessen wünschen, dass Du bei mir wärst
Kaffee und Du
lassen mich des Nachts nicht schlafen,
fühlen, als ob deine Hand mich berührt.

Der Zustand der Liebe

Der Zustand Liebe
ist Leben im Schweben,
die Trance mit dem Ziel,
das Du ein Stück zu heben
in das Glück, wie ich es will.

Allein

Ohne dich fühle ich Einsamkeit,
Allein inmitten von Menschen.
Dich sehen, dich spüren macht lebensfroh.
Ohne dich fühle ich Alter.
Gleichgültigkeit im Tagesgeschehen
muss ich bewegungslos frieren.

Nachhaltige Begegnung

Dein Küssen reicht von gestern weit ins Heute.
Hände bleiben mir Erinnerung.
Was immer ich davor so alles wollte,
gedachtes Morgen hat jetzt einen Sprung.

Leben

Aus sanften Träumen erwacht,
aus feuchter Wärme geworfen
in eine laute Welt.

Die Hektik der Narren mitgemacht,
mit Eifer gelebt, hingebungsvoll geliebt,
doch auch gezweifelt und getobt.

Dabei sich immer nach Ruhe gesehnt,
die eine kosmische Macht
auch uns eines Tages gönnen wird.

Sich binden

Sich binden
in Freiheit und mit Freuden.
Einschränkung wählen.
Dafür Heimkehr und Zuflucht erhalten.

Zu wissen
um den Ort der Geborgenheit,
wo Vertrauen siedelt,
Zuversicht freundlich gedeiht.

Melancholie

Unsichtbar ist die Liebe.
Sie wohnt geschützt im Kopf,
hinter Schädelknochen wohl verwahrt.

Ihr Wirken, Weben, Wogen
schaukelt Liebesboten
zu Menschen, die Antennen aufgestellt.

Hier schwebt der Himmel nieder,
umhüllt sanft Geist und Glieder.
Die Welt ist Wohlgefühl in Zweisamkeit.

Doch reißt das bindende Tau,
gedeihen Lanzen, selbst
geformt aus Eitelkeiten, Ehre, Stolz.

Sie kreisen ein, umstellen
den Rest der alten Liebe.
Die hält verängstigt inne und träumt ihr Lied.

Nach deiner telefonischen Absage

Gar traurig taumle ich
der freien Stund‘ entgegen.
Verschwunden ist die Lust
mit dir den Tag zu leben.

Ich renne durch die Straßen,
von einem Sturm getrieben,
zu Plätzen, wo wir saßen.
Bist du mir treu geblieben?

Wie töricht ist mein Fragen!
Ich bin es doch, dein zweites Ich,
und musst du mir entsagen,
sitzt Arbeitspflicht am Tisch.

Stetes Auf und Ab

Ich könnte vor Freude Tränen vergießen,
wenn ich nur deiner Liebe gedenke.
Finstere Nebel mich umschließen.
wenn Zweifel meine Sinne lenken.

Ich ließ es zu

Ich ließ es zu,
dass du mir lange in die Augen sahst.
Zwar jagte ich zu anderen Männern hin,
doch kehrte stets mein Blick zurück.

Ich ließ es zu,
dass mich dein kleiner Finger hielt.
Zwar drehte ich behänd aus deinem Arm,
doch gab ich schließlich dir die Hand.

Ich sah dir zu,
hörte deiner Stimme Klang, Worte
ohne Sinn, sah deine Lippen tanzen,
sah deiner Hände geschmeidiges Spiel.

Ich ließ es zu,
dass zärtlich du die Ruder nahmst.
Fandest in mir das richtige Boot,
forciertest den hohen Wellengang.

Ich ließ es zu,
dass lustvoll wir die Hürden nahmen.
Der Bootsmann rauschte himmelwärts
und sank samt Boot ins feuchte Gras.

Nun liegst du neben mir,
so weiß und atemlos, dass ich
mich frage, ob du noch von dieser Welt …
oder mir bereits entflogen?

Lieben und fürchten

Du sollst Gott lieben und fürchten!
Beides ist richtig und falsch.

Ist ein Mensch voller Liebe
und findet keinen Menschen
den er lieben könnte,
so darf er seine Liebe Gott schenken,
weil ihn dies befreit.

Ist ein Mensch voller Angst
und hat sein kindliches Vertrauen
schon längst verloren,
dann sollte ihm jemand sagen,
dass er Gott nicht zu fürchten braucht.

Ist ein Mensch aber voller Leichtsinn
und in Gefahr sich selber und
vielleicht auch andere zu gefährden,
dann, nur dann soll er Gott fürchten.

Besser wäre es aber,
ein Mensch fände einen Menschen
für seine Liebe, der sie mehrt,
an ihn und andere weitergibt,
damit Menschen nichts zu fürchten hätten,
im Vertrauen auf die Liebe.

Dein Name

Ein Zittern spielt um meinen Mund,
hör ich nur deinen Namen.
Blitze jagen, kennen dich,
sehen deine Augen, Mund und Haare,
auch die Farbe deiner Haut.
Fühlen die Bewegung deiner Glieder,
sehen die Statur, wie sie steht,
Straßen lässig überquert.

Schauen deine Mimik im Gespräch,
hören deine Stimme.
Fühlen sich auf ihrer Melodie getragen
oder wenden sich mit Schaudern ab.
Schrecken auf, wenn Hagelkörnern gleich
deine Worte niederbrausen,
wenn du Zorn nach allen Seiten schippst,
jemanden vielleicht verletzt.

Sehen, wie du deinen Körper blähst,
wenn du herrschst,
aber auch, wie du dich beugst.
Sehen deine Anteilnahme,
spüren deine Freundlichkeit.
Wohlbefinden dehnt sich aus
nahe deiner Fröhlichkeit.

Viele sind dir zugeneigt.
Ihre Sinne plätschern still
in deinem flachen Atem
oder schäumen mächtig auf,
wenn heiß dein Atem weht.
All dieses und viel mehr blüht auf,
nennt jemand deinen Namen.

Weißt du noch?

Weißt du noch,
als du krank warst und ich dir Stirn
und Waden kühlte,
bis das Fieber sank?
Wie ich dich pflegte unter Stoßgebeten
bis endlich du zu Kräften kamst?

Ja, das waren schwere Tage,
doch heute ist das Schnee von gestern.

Weißt du noch,
wie bei Blitz und Donner im Wolkenbruch
wir liebend aufeinander lagen,
nur durch unser Zelt geschützt,
und du sagtest: „Wenn es einschlägt,
trifft's uns beide!"

Ja, das waren erregende Stunden,
doch heute ist das Schnee von gestern.

Weißt du noch,
als wir im Wald den Weg nicht fanden?
Müde trugst du
auf deinen Schultern das schlafende Kind.
Und als wir endlich Lichter sahen,
war's die Nervenheilanstalt.
Dort bot man ein Glas Wasser,
zeigte uns den Bus.

Ja, das war ein verrückter Tag,
doch heute ist das Schnee von gestern.

Heute will ich Frühling leben,
liebe eine andere Frau.
Heute hast du an Magie verloren,
hast für mich zu wenige Sensoren.
Lass uns deshalb leben auf getrennten Sternen.
Was gewesen ist, beleuchten aus der Ferne.

Alleine

Alleine soll ich die Sonne genießen,
alleine verspüren den milden Hauch,
der alle Pflanzen treibt zum Sprießen.
Vögel zwitschern im grünenden Strauch.

Sie spüren den wärmenden Frühling,
der jedes Geschöpf mit Liebe erfüllt.
Nur du erschreckst mich mit eisiger Kühle
mein Herz, das nimmermehr gestillt
in dem Verlangen, dass dein Begehren
dich endlich näher zu mir bringt.

Du aber bist mit dem Glück gegangen,
das träumt sich in eine andere Welt,
derweil im Alltag berufliches Rangeln
das Leben bestimmt, doch keinem gefällt.

Sehnsucht

Deine zärtlichen Hände sind nicht bei mir.
Deine fordernden Küsse vermisse ich sehr.
Ich schaue mein Gegenüber zwar an,
doch dahinter erscheint der geliebte Mann,
der sich wie früher zu mir bewegt
und mir noch heute den Kopf verdreht.

Regenbogen

Wie ist das schön, in lauer Luft
auf dieser Bank!
Im Gegenlicht, so silbrig hell,
vor mir der See.

Mit leicht geschlossenen Lidern
seh' ich einen Regenbogen.
Schließe ich die Augen,
ist er schnell verschwunden.
Öffne ich sie einen Schlitz,
kommt er sofort wieder.

Kann es sein, dass deine Hand,
die warm auf meinem Schenkel ruht,
mir solch' ein Phänomen beschert?

Moment, da kitzelt was!
Ein einzeln Haar hat sich gelöst,
vor meinen Blick gedrängt.
In dieses dünne Haar gezwängt
bricht sich das Licht
und hat mir heute unverhofft
ein kleines Wunder geschenkt.

Gefühlsüberschwang

Fließen wollte ich immer schon
im großen Strom, in warmen Wässern.
Schimmert hier mein Embryo
verjüngend durch die alte Seele?

Fliegen wollte ich immer schon
erhoben über Feldern, Wipfeln.
Winkte herab vom schwebenden Thron,
sähe das Elend nicht unter Dächern.

Umarmen wollte ich immer schon
alle Menschen, die ganze Welt.
So schaukle ich auf meinem Stimmungshoch
verschwenderisch liebend, ganz ohne Ziel.

Der Anlass klein, so unbekannt der Weg,
wo Trauer sich in Lust verkehrt.
Ein Hoffnungsfunke bläht und dehnt,
bis kniend Pegasus mich lädt.

Mit seiner Kraft schwing ich empor,
sein Flug entlockt mir Mutgeschrei.
Ich bin der Rausch des Augenblicks.
Der Alltag holt mich stets zurück.

Nur auf dem Boden großen Vertrauens
Blüht, gedeiht und reift die Liebe.
Trübe Zweifel ein Netz ihr weben,
darunter erstickt die Zuversicht.
Geknebelte Liebe schnell erlischt.

Leiter

Leiter, Leiter, bring mich weiter;
auf den Hochsitz am Waldesrand,
in den Baum mit samtblauen Pflaumen,
hinauf auf den Turm über das Land,
immer höher im steigenden Traum.

Über die Himmelsleiter, empor,
mit leichtem Schwindel, gespannten Gliedern
fliegen in höchster Begierde,
über die letzte Sprosse mich heben,
schweben, bereit für Millionen Kinder –
endlich zerfließen im lauwarmen See.

Für die Liebe bleib

Bleib nach einem guten Essen,
bleib noch einen Moment.
Bleib, wenn die Sonne am Himmel versinkt,
bleib, bis Dunkelheit fällt.
Bleib nach stürmischen Gefühlen,
bleib für Zärtlichkeit.
Gehe, wenn wir gesättigt sind,
doch für die Liebe bleib.

Entlassen

Entlassen,
zurück in vertraute Fremde,
wieder
unter euch, berührungslos
auf eigene Füße gestellt,
Gegenwicht zerfällt.

Laufen
funktioniert zum Schein,
Briefe
vermeiden mehr und mehr.
Gewissheit des Fühlens von einst
unfassbar zum Irrtum wird.

Trotzdem
üben den aufrechten Gang,
schauen,
Ersatz prahlt überall.
Meine Beine aber knicken
schon bei dem Gedankenblitz

an dich,
als fehle die stabile Masse,
angerührt gemäß der Formel „Du".

Camille Claudel

Leidenschaft leben –
Suchen, kämpfen, hassen, lieben.
Allzu fern der Horizont, wo
Himmel sich und Erde finden.

Leidenschaft leben –
Selber Harmonie gebären,
ganz im Jetzt, Materie fühlen,
schaffend Schöpfung nachempfinden.

Leidenschaft leben –
Wesen erkennen im Sein, formend
Vollendung suchen, Dauer verleihen,
quellende Kräfte verschwenden, für wen?

Leidenschaft leben –
auch im Zerstören. Tot ist das neue,
der Liebe entsprungene Ich, verloren
die Krone, das Selbst, das Du, das Wir.

Besessenheit leben –
war ihr täglicher Zwang. Der Kunst
sich hinzugeben war ihr Drang,
sich zu erschöpfen war ihr Los.

Tango

Lass die andern sich im Walzer dreh'n
und danach erschöpft zu Boden sinken.
Unser Tanz ist lebenslang,
heute mein ich dich,
morgen deinen Freund vielleicht.

Heute zeig' ich für Sekunden dir
meine Seele, Sehnsucht, Einsamkeit,
mein Verzehren, meinen Stolz,
die Verzweiflung, auch das Hoffen,
locke dich mit Lust auf Leben.

Ahnung sollst du haben von der Kraft,
die gedeiht am Rande des Verderbens.
Selbst in deinem festen Griff,
wenn ich biegsam dir gehöre,
bleib ich frei. Doch ich binde dich
durch des Tangos schmerzliches Begehren
auf den Kurs des süßen Wahns.

Esskastanien

Wie war mir kalt in der Computerzeit!
Wie wärmte mich der schnelle Schritt mit dir
bergauf in den Kastanienhain

über morsches Holz, gebrochen aus dunklen
Stämmen, Jahrhunderte alt, verknöchert, gespalten
tief geneigt und doch mit grünem Haupt!

Am Boden Kuhlen, wo hinein die Winde
gern das Laub der Jahre weh'n,
modrig weich für junge Triebe.

Die beste Kuhle uns umschließt. Freiheit
reicht zum Blätterdach. Vögel zwitschernd
fragen: „Was wollt, was tut ihr hier?“

Wir jubeln leise ihnen zu: „Ja, ja,
wir steh‘n dazu, wenn ich empfangen sollte,
werden wir gewiss auch brüten.“

Venus

Im Osten glänzt der Morgenstern
dicht überm Horizont.
Im Westen steht der Abendstern,
weist in die Neue Welt.

Venus ist Sonne und Erde so nah,
Venus ist heiß.
Den Körper verhüllt unterm Wolkendach
gibt sie nicht preis,

dass ihre Farbe ein einzig Gemisch
aus Blut und Stein,
dass sie mit ihrem hitzigen Wesen
vor langer Zeit

Flüsse, Ozeane verspeist,
verdampft alles Leben.
Ein Treibhaus zieht dort seine Bahn,
geschlossene Wärme.

Idee von Aphrodites Reich:
„Planet der Liebe."

Sehnsucht und Zufriedenheit

Es heben mich am Morgen aus dem Bette
das Morgenrot und Du.
Es lassen mich am Abend niedersinken
das Abendrot und Du.
So treiben Sehnsucht mich zur Tat,
Zufriedenheit zur Ruh.

Umarmung

Körperweich mich selber fühlen,
seelennah an deiner Brust,
geborgen sein für den Moment.
Wir gemeinsam drinnen.
Draußen gibt es nichts.
Sorgen, Nöte, Schwierigkeiten fallen ab,
Liegen unbeachtet vor der Tür.

Wir hier drinnen schaffen das,
werden uns am nächsten Tag
im Geist genau noch so berühren.
Trennung ändert nichts.
Selbst nach einem Jahr
wären wir gewiss, dass nichts verblasst,
ein Teil von uns im andern weiter glimmt.

Gebettet zwischen zwei Lieben
(Grabplatte im Hessenpark)

Begraben zwischen Mann und Freund!
Zeig mir den Ort, nenn mir die Zeit,
wo solche Eintracht möglich ist.

Sie gingen mutig eig’ne Wege.
Welcher Zeitgeist kam zu Hilfe?
Hatten sie den Segen der Kirche?

Hatten beide sie geliebt?
Konnte beiden sie erwidern?
Einer wie der and’re blieb!

Gebettet zu ihr wurden beide,
Dörfler wagten nicht zu trennen,
was Leben in Freud und Leid gefügt.

Opiate

Glücklich sein!
Ein Lächeln blüht auf ihrem Mund
nach einem Tantra Spiel
am Nachmittag.

Erinnerung
an Schwebeleichtigkeit dort im
Spital durch eine kleine
Opiumgabe.

Fluss Lethe

Fluss Lethe ist in mir,
die Ufer wassersatt, vollgesogen.
Windhauch der Erinnerung:
ein Kahn, beladen
mit Bildern von gestern.
Ein Blick zum fernen Dunst,
dem Nebel des Morgens
drängt Tränenwellen hoch,
lässt Fluten steigen,
überschwemmt Konturen.

Es staut sich im Bauch,
steigt schließlich auf,
wartet gereizt im Magen,
einem Seitenarm,
wird bleiern schwer, will wandern,
durch den schmalen Schlund
und hängt dort fest, zurückgedrängt
von dem Gebälk der Disziplin,
dem Schweigen, einem Lebensspiel,
das keine andern Regeln kennt.

So wart´ ich auf den Sturm,
der mich bewegt,
der trocknend neue Bilder trägt,
von Taten, deren eine fasziniert,
mit einer Weisung am Bildesrand,
wie man begehrt, lebendig wird,
geschickt im Wind sich dreht,
wie man Fluss Lethe zwingt
zurück ins Bett, wo er zusammensinkt,
tief unten nur als dunkler Spiegel bleibt.

Nah und fern

Heute bist du mir so nah.
Ich seh‘ in deine blauen Augen.
Sie strahlen Zuversicht und Freude,
Zuneigung und auch Vertrauen.

Ich fühle deinen Körper, deine
Haut, wie sie die meine wärmt,
antworte gerne deinen Küssen,
deiner Bewegung folge ich.

Nun bist du ach so weit entfernt,
doch die Gedanken halten dich,
Sind bei deinen sanften Händen,
nicht bei meiner Tätigkeit.

Und sie schwängern meinen Kopf,
füllen ihn bei Tag und Nacht,
als gäb‘ es keine Alltagspflicht,
die heute zu erfüllen wäre.

Ausstieg

Verhungern lässt du mich
am ausgestreckten Arm.
Jetzt, wo nach wunder-
schöner Fahrt im Freiballon
wir schwebten über Erde

über Leben,
ganz allein mit uns,
hinein ins Abendrot,
und letztlich sanft gelandet,
sind auf sicherem Grund,
jetzt weichst du mir aus.

Du willst nicht sehen, fühlen,
wie so zärtlich rosaviolett
der Sonnentag zum Abschied
Nacht betört,
bevor die Sterne letztes Licht
einfangen für die Nacht.

Willst vermeiden, dich zu mühen,
Angst vor Bindung.
Willst nur fliegen, in Gedanken
weiter, immer weiter,
bis ans Ende aller Zeit.
Doch was bleibt für hier und heut'?

Gedanken zum Gitarrenspiel
(Asturias Isaac Albeniz 1860-1909)

Tobende Geister
Sehnsuchtsdrang – Zukunftsangst.
Plötzlich der Entschluss:

Wie eilst du die Stufen empor,
stürmst durch Gassen,
deren Schatten du nicht spürst,
hinauf zum Kirchplatz,
wo sie auf der Mauer sitzt.

Atemlos stehst du vor ihr,
Endlos schauend, endlos schweigend.
Ihre Augen spiegeln Welt,
außer diesen gibt es nichts.
Gnädig säuselt im Wipfel der Wind.

Gitanos treiben den Rhythmus voran,
zünden so recht das Feuer.
Jetzt entweicht sie, tanzt um den Baum.
Du folgst, berührst des Rockes Saum,
denkst dich durch den Faltenwurf.

Es schwingt ihr Haar,
ein Lufthauch weht dich an.
Es streift ihre Locke deinen Arm.
Ihre Hände feiern ihren Stolz.
Gefühltes Auf, gefühltes Ab, doch dann …

Plötzlich stechen wieder Takt und Schritt,
Herzen stehen still
für einen langen Augenblick
Den Tod erwartend
oder den erlösenden Kuss.

Salto mortale

Ich will dich nicht,
ich mag dich nicht,
ich lieb' dich nicht.

Hau endlich ab
und geh' zu ihr!
Halt mich nicht fest,
Du tust mir weh!

Oh, halte mich!
Ich will dich doch,
ich mag dich sehr.
Ich liebe dich.

Bleib' jetzt bei mir!

Gesetzmäßigkeiten des Lebens

Durch kleine Unzulänglichkeiten
fühl' ich selten, aber immer öfter
mich aufs Alter vorbereitet,
zu dem Alter hingeführt.

Im Mantel deiner Zärtlichkeiten
schwing' ich dann und wann
hinauf zur Kuppel, zum Trapez,
wo zeitlos Jugend mich bewegt.

Wahr, wahr sind die Naturgesetze.
Doch Leben wird harmonisch nur,
wenn Plus und Minus ausgeglichen,
einst aus Null das Neue schöpft.

Liebesfreud und Liebesleid

Du bist nach ach so schönen Stunden
Nicht erreichbar, abgetaucht,
aus dieser unsrer Welt verschwunden.
Nirgendwo dein Feuer raucht.

Bin ich es, die dich hat vertrieben
mit einem unbedachten Wort,
leichtem Frohsinn nach Belieben,
Womöglich an dem falschen Ort?

Oder sind es Arbeit, Pflichten,
die über dir zusammenbrechen?
Lass es mich doch einfach wissen,
ob sich feindliche Brüder rächen.

Gedanken an dich im Ungewissen,
wie quälend sind die, ungerecht!
Unkontrolliert Gedanken fließen –
Sind Hölle oder Himmel echt?

Männeraugen

Männerblicke, Samstagabend
auf dem Markt der lauten Töne,
sehnsuchtstraurig, resigniert.
Will dich Sonntag wiedersehen.

Stille Klarheit schärft die Sinne,
wärmt uns. Hochbeschwingt
kann ich dein leises Du jetzt hören.
Trennung wird hier zum Beginn.

Sonne in Fische

Ich bin nicht ich,
sondern ein Fisch,
steh' mit dem Kosmos
stets auf Empfang.

Mein hoher Neptun
lässt mich erfühlen,
was dich bekümmert,
was uns bewegt.

Gern will ich schaffen,
was mir gemäß,
doch niemals kämpfen
um den Erlös.

Ich will euch mögen,
ihr sollt mich lieben,
weil ich verständig
wohlmeinend bin.

Mein Seelenfeuer
schwelt über der Welt,
lodert in dir nur,
wenn Asche fällt.

Zweckbündnisse

Liebe,
ich mag das Wort schon nicht mehr hören.
Unentbehrlich soll sie sein,
sagen Priester, Psychologen.
Als müsste man nur in sich geh'n,
ein „Hokuspokus" sprechen und die
Welt der Liebe schon erspäh'n –
teilhaben gar! Großartig käme
sie zu mir als Wunder der Gefühle.
Dürfte mich nur nicht verschließen.
Doch es fehlt der „Hokuspokus"-Reim.

Wie es mir geht? Oh, danke, gut!
Nicht krank, nichts schmerzt,
manch' Zweckbündnisse tragen mich.
Ich investiere hier und dort
bekomme manches auch zurück.
Glücklich? – Immerhin zufrieden.

Großstadt bei Nacht

Die Messe, ihr Dach, ein Diamant.
Die Skyline im Westen, sehr elegant.
Dort, wo aus Bernstein die Lichter gereiht,
eine Straße die Großstadt mit dem Rheingau
vereint.

Am Fernsehturm da drehen Rubine.
Als Silberschnüren glänzen Schienen.
Dazwischen Lampen privater Zimmer,
wo Menschen weinen, lachen, wie immer.

Zum kosmischen Kran wird nun dein Arm,
hebt alle Juwelen himmelwärts an,
bis Sternenhimmel über mir,
mein Denken, Fühlen ganz bei dir.

Lichter erlöschen. Nur dein Gesicht.
Zwei Augen verschmelzen, nah und dicht,
bis nur ein dunkles Auge bleibt,
das Leben und Liebe stumm bezeugt.

Rhythmus

Rhythmus bin ich, Melodie,
die mein Auge lenkt zum Schönen,
meine Hände wirken lässt,
meinen Körper schwingt,
meine Füße tanzt und setzt,
hin zu dir, fort von dir.
Mit dir inniglich vereint,
streich ich dir mein Lebenslied,
bis dein Echo mir erschallt.
Ohne dich bin ich halbiert,
immer doch in deinem Kreis.

Hexenspiel

Er küsst mich hinauf in die Wolken
und wieder hinunter ins Moos,
damit ich nur ja vergesse,
dass er eine andre genoss.

Nur selten murrt er leise,
wenn ihm mein Tun missfällt,
räumt aufmerksam, geschmeidig
Störendes aus dem Weg.

Er reicht mir zu, er strahlt mich an,
bis ich so wohl mich fühle,
dass ich bei all dem Hexenspiel
erneut beginne, ihn zu lieben.

Marionetten
(Magnetismus)

Immer neu und immer anders
wälzt das Meer sich hin zum Land,
drängt nach vorne, weicht zurück,
kräuselnd jede Welle stirbt.
Dennoch atmet hier die Welt.

Immer neu und immer anders
kommst du allzeit zu mir her.
Heute lustig, dann verhalten,
zärtlich oder wild bewegt.
Einmal Lamm und einmal Stier.

Und so atmen wir gemeinsam,
ich der Strand und du das Meer,
oder auch mal umgekehrt.
Unser Wollen halten Pole,
Silberfäden führt der Mond.

Adam und Eva

Unsre Pendelkugeln jagen,
knallen aneinander,
steigen einzeln auf,
kreuzen sich und sind entfernt
in getrennten Flügen,
doch zur gleichen Zeit.

Endlich kommen sie zur Ruh',
zittern umeinander,
halten schließlich still,
sind sich nah,
erkennen sich.

Amor
(Die ersten Sekunden entscheiden)

Wellenreiten,
Muskel spannen,
Flitzebogen,
schnurrt der Pfeil zu dir.

Voll Erstaunen
sprühen Augen,
schleudern Funken
durch die Luft zu mir.

Erster Mann, letzter Mann?

Junger Mann,
dein schönes Bild trag ich
noch gern in mir.

Alter Mann,
so fremd nach hundert Jahren,
taub für meine Zwischentöne,
bist du wieder da.

Lust alleine kann verbinden,
Klüfte füllen,
schließlich Berge bauen
aus Gefühlen,

die verschmelzen,
in den Krater stürzen,
dort zur heißen Masse werden,
sich in Lavaströme teilen,

die nach Nord und Süden fließen,
nur in Träumen
bis in letzte Tage
wärmend noch vereint.

Ahnung

Einzigartig bist Geliebter du!
Lange schon steh' ich in deinem Bann,
nehme gleichwohl war,
wie du selbst dich stützt
auf den Schultern jener Stillen,
über die hinweg
du meist verächtlich schaust.

Fühlst dich „oben“ und berufen,
einen Sklaven ab und an
emporzuheben.
Bist so fern dem festen Grund,
wo die Einzigart'gen weben
an so vielen Lebensmustern,
auch an deinem Leichentuch.

Verlangen, eine Kopfgeburt

Die Liebe im Kopf, sie blüht,
weil wir uns kurz berührt.
Die Liebe im Kopf, sie führt
zu einem beglückenden Rausch.
Gefühl von Liebe bleibt,
auch wenn wir längst getrennt.

Trennung

Und wenn das Lächeln nicht gelingt,
mein Sinnen schlaff im Winde hängt,
was tun?

Der Liebste aus dem Rahmen springt,
Ein Luftzug zu seinen Händen wird,
was tun?

Wenn er nicht um die Ecke geht,
nicht vorne in der U-Bahn steht,
was tun?

So lehn' ich mich an mich und weiß,
es gibt so vieles, das uns schweißt,
auch ihn.

Drum will ich wartend in mir ruh'n,
bis Regen mir die Tonne füllt,
von selbst.

Flirt

Lachend deine Augen sagen,
dass mein Sosein dir gefällt.
Und schon steigen mir beschwingt
festgezurrte Träume wieder.
Kann ich mich bei dir bewahren?

Und aus meinem Festgemüt
kannst du blitzesschnell erraten,
dass dein Sosein mir gefällt.
Schon singst du die schönsten Lieder,
froh, zu bleiben, wie du bist.

Vernünftigkeit

Niemals Sehnsucht zeigen
Nicht sich selbst erklären.
Lieber Themen diskutieren
Den Erfolgsstil kultivieren.

Spiele nur als Plan betreiben.
Zukunft theoretisch denken.
Unerklärliches negieren.
Niemals ziellos ausprobieren.

Sonst, o weh, erscheint Magie,
Zufall, sonderbarer Schein
Wollen Dir Begleiter sein;
Überraschung allenthalben

Rutscht durch des Verstandes Gitter
An Kontrollen schnell vorbei.
Ängstlichkeit klebt am Gemüt,
wo sie sich nicht fegen lässt.

Gefährdete Liebe

Sehnsucht treibt uns zwischen Schienen
Wo wir aufeinandertreffen,
Wissend, wann der Zug anrollt.

Wir geh'n zurück auf unsere Seite,
der eine rechts, die andre links,
und harren dort voll Ungeduld,

bis der Moment sich wiederholt.
Nach langer, langer Wartezeit
Gibt Schicksal uns Gelegenheit.

Ich suchte nicht, ich fand

Zufrieden war ich lange Zeit,
nicht wirklich glücklich. Doch das Glück
erschien mir als ein großes Wort,
das viel verspricht und wenig hält.

In Wahrheit ist's Geträumtes nur.
Wenn's doch erscheinen sollte, dann
erscheint es völlig unerwartet und
umweht uns wie ein göttliches Geschenk.

So absichtslos war die Berührung, die
mit leiser Kraft mich bald durchströmte
und schon die Ahnung vom Erleben barg.
Ein erster Kuss, der uns verband,

mich plötzlich niederrang, mich zwang,
mich diesem Rausch jetzt hinzugeben,
wissend, dass ich nicht mehr jung,
dass aber doch Gefühle mich bewegten.

Berechtigt oder nicht, am nächsten Tag
war mir schon klar, ich war ein wenig süchtig,
wollte wiederholen, nur mit dir,
wenn auch so vielerlei dagegen sprach.

Gedanken rund um dich erfüllten mich,
das Leben sehnsuchtsvoll, erwartungsfroh.
Verflogen kümmernde Zufriedenheit,
die Grenzen setzt und ohne Hoffnung lebt.

Doch ist das Glück jetzt näher als zuvor?
Es wechseln himmlische Momente mit Zeiten
großer Ungewissheit, Zweifel an der
Machbarkeit, ersehnter Ewigkeit.

Geteiltes Land

Dort drüben auf der anderen Seite
steht ein Mann.
Wir sehen uns schon viele Tage
nur von ferne an.

Lustig bläst er den Luftballon auf.
Er steht so groß und stark.
Sein Lächeln wirkt freundlich sein Winken vertraut.
Er wird heute Nacht
den Fluss überqueren, um Liebe zu leben
für kurze Zeit.

Wie lange werden wir glücklich sein?
Wann kommt der Streit?
Denn Nachbarn achten die Grenze,
keine Versöhnung weit und breit.

Trennungsschmerz

Ein Segel schwimmt heran,
kommt näher, ankert an meinem Steg.
Ich habe mich nicht vertan,
mein Liebster ist zu mir auf dem Weg.

Wir leben einen Wahn,
es werden Stunden zu Sekunden.
Doch als sein Segel dann
frei und völlig ungebunden
mit dem Horizont verschmilzt,
bleibt Schmerz, der schwer zu überwinden.

Drinnen und draußen

Hier find' ich Geborgenheit
Grenzen zerfließen
Dort fliegt sich die Sehnsucht frei
auf Schwingen der Phantasie.

Liebeskummer

Vernünftig sein, das rat ich dir,
den Schmerz der Trennung zu ertragen.
Doch Sehnsucht greift so stark nach mir,
will Lust und Liebe weiter wagen.

Dies Ja und Nein, es ist kein Spiel,
es sind gesellschaftliche Normen,
Gefühlsnotstand das traurige Ziel,
geschuldet gängigen Umgangsformen.

Treppen

Treppenstufen, Menschenhufe, klapperdiklapp.
Selbst Geschrei ist dabei, klapperdiklapp.
Vom Nachbarn hör' ich dann und wann
sehr gedämpft den Treppenklang.

Stahlkonstruktion trägt diesen Ton
durch die Wände, über Beton.
Kann mich nicht stören, im Gegenteil.
Ich fühle mich nicht mehr so allein.

Partnerschaft

In hellen Räumen leb' ich mit dir,
mit einem festen Dach überm Kopf
und Zimmer zur Gesundheitspflege.
Kurze Begegnung, schon vorüber.
Ein Lächeln, ein Gruß, kein böses Wort.

Sonntags spazieren wir im Park.
Wir können immer einander vertrau'n.
Für alte Tage ist wohl gesorgt.
Und dennoch schlage ich des Nachts
den Kopf mir wund an weißer Wand.

Wankende, schwankende Lust

Mit Zärtlichkeiten jubelt er sie hoch
und zieht sie gleichwohl auf den tiefsten Grund.
Gefühlt wird große himmelhohe Liebe,
doch wenn die Lust versiegt, kommt nur noch
Banales aus ihrer beider Mund.

Denn Lust ist das allergrößte Erleben,
geht die verloren, mutiert Sie zur Hexe
und Er möglicherweise zu einem Tyrann.

Liebe ist

wenn ich weiß, du wirst bleiben lebenslang.
Liebe ist,
wenn wir Fehler vergeben, Irrtum verzeih'n.
Liebe ist,
wenn wir uns begehren, die Freude bleibt.
Liebe ist,
wenn wir uns helfen, nicht nur aus Pflicht.

Umwelt

Wolkenweiße Energie

funkelt mit der Sonne im Glas.
Der Ölstand goldgelb angezeigt
oben am weißen Tank.

Weiß die gewinkelten Rohre,
Eisentreppe auch.
Weiß sogar der Rauch,

der aus altem Backstein-
Schornstein quillt, hinauf
ins Himmelsblau, um droben

langsam sich zu dehnen,
schließlich sich zu mischen
mit Düsenflugzeugspuren.

Traumland

Feuerinsel Sizilien, du!
Wie ich dein Bild noch in mir trage!
Blaue Weite, grauer Strand,
aus Lava gebröseltes fruchtbares Land.

Dort, wo seit Tausenden von Jahren
Menschen um eine Heimat kämpften,
La Etnas Schönheit lockt und droht.
Doch immer lässt sie Zeit zur Flucht.

Wo Emigranten in aller Welt
sehnsuchtsvoll träumen von einem Zurück,
gleich mir, die in die Wärme zieht
auf der Suche nach Wohlsein und Glück.

Naturschutzgebiet

Leise, leise! Störe nicht
mit lauter Stimm und hartem Tritt
den Atem, der hier ach so ruhig fließt!

Nur kostbar unberührt lässt sich
Natur verrechnen mit dem Stickoxid,
das andernorts gen Himmel zieht.

Oder setzen wir als Spieler
einfach nur auf Glück und hoffen,
dass ein Beben den Vulkan belebt,

der das rechte Maß an Dreck
in die Atmosphäre speit,
die Sonne zwar verfinstert,
das Ozonloch aber schließt?

Utopie

In Chinas Bergen lebt eine Frau,
Die holte kein Brennholz aus spärlichem Wald,
Sondern pflanzte Bäume ums Haus,
Und nicht wie die Nachbarn, Gemüse und Reis

Doch bei dem nächsten Regenguss
Brechen die Hänge rechts und links
Ihr Haus und Garten bleiben jedoch
Ein unberührtes Paradies.

In Afrikas Weite lebt eine Frau,
Die pflanzte mit Menschen, die ihr vertrau'n,
Tausend Bäume in Wüstensand
Dahinter entwickelt sich fruchtbares Land

Andere wieder häufen Steine
als Schutzwall gegen den Wind
Langsamer trocknet die Erde nun aus
Hinter dem Wall gedeiht wieder Mais

In Texas brennt die Sonne heiß
Menschen leben klimatisiert
Unter der Erde rinnt schwarzes Gold,
Für mehr davon wird Krieg geführt.

Die Wüste jedoch in diesem Land
Die liegt so groß, so heiß, so leer
Mit Fotovoltaik überdacht
Gewönne man Energie und mehr - - -.

Doch Männer besitzen das Öl
Männer beherrschen den Markt
Männer kämpfen im Krieg
Männer sind manchmal auch schwach

Wo ist das Heer der tapferen Frauen,
Die heute sich mühen, zu retten ihr Feld?
In meinen Träumen sehe ich schon,
wie ameisengleich sie verwandeln die Welt.

Turbo

Oh je, im Auto hinten kracht's:
Kriegsgeräusche in Friedenszeit.
Lärm lässt nach, hat oben überholt,
zieht eine Schleife gegen West.
„Mama, horch, ein Hubschrabschrab!"
So hat mein Sohn ihn einst genannt

Ami-Bananer waren die größten.
Dieser hier dient deutschem Militär,
oder doch dem Straßenverkehr?
Die Stimme im Radio eindringlich warnt:
„Umkreis Höchst Fenster, Türen schließen
Betriebsunfall – wir werden informieren".

O nein, nicht wieder Chemie-Explosion!
Sind harmlose, giftige Geister entwichen?
Die farbige Wolke, wo treibt sie hin?
Kinder, pflanzt ihr die Bäume des Wissens
zwischen die Schienen zum Profit?
Oder siegt der Lemminge Trieb?

Auspuffgase

Luft ausstoßen, aus, aus!
Nur nicht atmen, schnell passieren!
Krebsgefahr aus stinkender Schlange.
Plötzlich fehlen ein paar Glieder:
Schnell in tiefen Zügen
Luft einatmen, tief, tief!

Ein paar Schritte noch zum Wagen.
Türe auf! Türe zu!
Endlich im geschützten Raum.
Motor an, rückwärts fahren!
Durch den Spiegel ziehen Kinder
Stopp! Gefahr vorüber …

Meditation

Ach, wie verletzlich Leben ist

Wir spiegeln uns, nur immer uns im Licht
des Freundes, dem des Feindes auch.
Meist selbstzufrieden hängen mit Geschick
wir kleine Werte zum Fenster hinaus.

Von Tadel und Niederlagen enttäuscht, schlenkern
im Korsett wir durch die Welt.
Meist stumm vor Entsetzen, wenn ein Menschenbild
urplötzlich zu verletzlich war.

Im kleinen Kreis bewegen wir uns weiter
mit Freuden, Ärger, Angst und Not.
Mit Wollen und Müssen als Antrieb sehen wir heiter
am Abend schon das Morgenrot.

Wohl ahnend, dass wir nicht unendlich sind,
sind wir es über Kindeskinder doch.
Wenn wir in Pflichten wie in Lust verblüh‘n,
dann wird ein großes Lied, ein Wort,
ein Abendglüh‘n zu weißen Wolken, die
Verletzlichkeit des Seins verhüll‘n.

Der Äskulapstab

Unheil und Heil so dicht beieinander
wie tödliches Gift und Medizin.
In einem Körper windet sich beides
durch die Savanne und auch am Nil.

Die Schlange ist es, von der ich spreche,
Symbol des Arztes am Äskulapstab.
Ein Grieche hat schon wohl dosiert
Heilung der Kranken ausprobiert.

Säfte aus Pflanzen brauten schon immer
Mönche wie auch weise Frauen.
Doch der Schlangen Gift zu melken,
um es heilend anzuwenden,
das kam Wissenschaft sehr nah.

Entscheidung

Da sein, Kräfte spüren,
mit sich ringen, in sich ruh'n.
Kann ich wirklich aus mir selbst
die richtige Entscheidung fällen?

Fühlen und Instinkt befragen,
Gutes immer einbezieh'n.
Schlechtes besser gleich begraben.

Themen in sich sinken lassen.
Möglichkeiten und Ideen
sollen sich kristallisieren.

Vielfalt intensiv betrachten
und ausschließlich rational
wägen, ordnen, Menschen schätzen.

Stets den Überblick behalten.
Auf der Pyramide steh'n,
Angelpunkt und Schwerpunkt sein.

Entscheidungsfreude kultivieren,
frei zum Sprung mit Zuversicht.
Es fehlt nur noch der letzte Kick.

Dann setzt mein Schicksal seinen Weg
auf eine and're, neue Spur.
Die Konsequenzen trage ich.
Und weiter tickt die Lebensuhr.

Sehnsucht

Sehnsucht nach Sonne, Meer und dir,
dann auch nach Arbeit, Erfolg und mir.
So wie ich häufig lebhaft mich sehne,
dann wieder schaffend zufrieden mich fühle,
so atmet voll Sehnsucht und Alltag die Welt.

Wir schaffen und raffen und machen gar viel.
Ablenkung flutet, es lockt manches Ziel.
Allein mit der Stille vermissen wir Leben.
Sehnsuchtsvoll deshalb nach allem streben,
was uns're Tage mit Spannung erfüllt,
die Seele mit schönem Erleben erhellt.
Und schwelgen wir dann in Unendlichkeit,
so ahnen wir doch die bemessene Zeit

Aus Sehnsucht wird Neugier, aus Neugier wird Tat.
Der Tat folgt Erschöpfung, die man nicht mag.
Doch manchmal wird aus Tat auch Passion.
Es lockt nach der Ruhe ein neues Spiel.
Voll Sehnsucht sucht jeder sein traumhaftes Ziel.

Wirbelnder Wille

Wirbelnder Wille treibt zur Tat,
häufig durchaus wirkungsvoll.
Doch weil nicht immer nachgedacht,
gebärden die Sinne sich gerne toll.

Erst aus Erschöpfung quillt der Sinn,
erwachen sanfte Geister. Dann
strömt für einen Augenblick
Weisheit, die sonst nur Greisen gegönnt.

Es ist die Kunst, den flücht'gen Kuss
der Weisheit mühsam warm zu halten,
damit die eisigscharfe Lebenssuppe
überhaupt verträglich wird.

Lebenssinn

Eine Liebe brauch ich,
eine, die nach mir verlangt.
Vielleicht auch viele Kinder,
zumindest einen Freund.
Vielleicht auch einen Alten,
eine Kuh im Stall,
den Hund, ein Pferd, auch Hühner
auf der Wiese hinterm Haus,
rundum Leben, das vertraut.
Sonst wäre ich ja nur
mein eigener Verwalter.

Geister

Nebelschleier schweben überm See,
schattenlos die Uferpromenade.
Geisterhand bewegt die Schwaden
ziehen dunkle Hügel empor.
Woher kommt der Ton im Ohr?
Spricht zu mir die Nebelfee?

Ist dort oben ein zweiter Olymp?
Sitzen dort die wahren Herrscher,
die subtil allmächtig sind?
Ahn ich gute, böse Geister
dort, die letztlich auch nicht anders
sind als Menschen wie du und ich?

Suche lieber mich in mir,
meditiere einen Punkt,
spüre meine Möglichkeiten,
fühle meine eigne Kraft.
Weiß von Ruhe, die mich füllt
und zu Selbstvertrauen führt.

Kraft ist Leben

Kraft ist nötig, die Hürden der Jugend zu nehmen,
Kraft auch, Beruf und Familie zu stemmen.
Stärke braucht es, die Mängel des Alters zu tragen.
Wundersam stetig entströmt dem Leben Kraft.

Ahnen

Jeder lebt Geschichten
bis zum Abgesang,
vielleicht noch etwas länger.
Aber dann: Vergessenheit,
vager Ahnenkult vielleicht.

Tochters leiser Wunsch
hieß Mutter häkelnd
Grenzen überschreiten.
Ihre rote Decke wärmt
schon wieder alte Beine.

Großmutters Erinnerung
führt zurück ins Kaiserreich,
half ihr über Einsamkeit.
Unbeachtet lag das Werk,
bis Enkel selber Rentner waren.

Sie lasen von geahnten Zeiten,
sahen frei und wild das Kind,
sahen auch die alte Dame,
hörten ihr Lachen hell und jung.

Wie lange noch? Was bleibt von ihnen?
Ein Gedicht vielleicht, ein Diplom, das ehrt?
Im Kind die Art zu streiten oder lieben?
Sollten wir das alles nicht einfach lassen,
weil doch alles wiederkehrt.

Weniger ist mehr

Eine weiße Wand ertragen,
in der Wüste Schönheit seh'n.
Reichtum der Gedanken finden,
Kostbarkeit des Schalls versteh'n.

Meines Körpers Schwung genießen,
auch erschöpft zufrieden sein.
Sich im Du geborgen fühlen,
dankbar sein für Zweisamkeit.

Der Nothelfer

Den heiligen Antonius mit dem Kinde
send' ich dir, damit er hilft,
was du verloren glaubtest, neu zu finden.

Die Brille ebenso, wie Schlüssel, Geld,
das dir abhanden kam,
auch Lebensfreude, die schon einmal größer war,

den alten Mut, wenn du ihn brauchst,
nachdem die erste Wut verraucht,
damit du wieder ruhig dich besinnst

und so die Unentbehrlichkeiten
aus dem Gedächtnis kramst, damit
sie sich wie einst in dein Geschehen mischen.

Maurisches Dekor

Formen des Lebens, die sich verändern,
stetig sich teilen, mehren verzweigen, sich
wiederholen, erblüh'n und vergeh'n.

Menschen schaffen Zwischenräume,
setzen Rahmen, füllen sie mit Arabesken,
die als Abbild der Natur sich winden,

im Schwung entfernen, sich wieder-
finden, an einem Punkt sich kurz verbinden,
um aufs Neue gleichermaßen zu entflieh'n.

Eine Kunst sucht himmlische Größe,
will schon auf Erden Vollkommenheit,
der göttlichen Ordnung nahe sein.

Morsches

Im Treibhaus gibt's kein Morsches.
Aufbautropfen lassen blässlich
geil die alten Säfte kreisen.

Wege auf und ab sind gleiche.
Sonnenflecken schieben Tag,
bodenwarm, windgeschützt der Raum.

Aufrecht schmerzt.
Fern der Himmel, Sternenfunkeln.
Näher ist der Hände Müh'n
und näher auch die gute Erde.

Metamorphose

Unter die Augen zwei Perlen gemalt
hat man dir, deinem Filmportrait.
Hinausgetreten in Abendluft,
seh' ich die Menschen im Biergarten nicht.
Weine für dich, denn du weintest nie.

Du schriest aus großer Verzweiflung,
schnittest ab dir das prachtvolle Haar,
probiertest dich männlich, sprachst kluge Sätze.
Tanztest und sangst voller Leidenschaft, du
trankst den Tequila, um Schmerzen zu stillen.

Als dann dein Körper nur noch Pein,
kam er, der Mann deiner Freuden und Leiden,
zu dir zurück, welch ein Triumph!

Jetzt werden auch meine Haare schwarz.
Die Augenbrauen wachsen dicht,
mein Schritt ist jugendlich beschwingt.
Ich fühle begehrliche Blicke der Nacht.

Hasse und liebe die Welt und Nichts,
bin in Gedanken frech und stark,
im nächsten Moment auch schön und sanft,
voller Protest und völlig ergeben.

Dann drehe ich den Schlüssel in der Tür –
mein Mann ist noch auf – „Wie war der Film?“
„Oh, mexikanisch bunt und schön!“
Er spürt nicht, dass ich noch Frida bin.

Die Farbe meiner Aura

Schließ ich die Augen, werde still,
dann seh' ich lauter Lila.
Blau mit rot, Himmel und Blut.
Ist das die Farbe meiner Aura?
Welt und ich, Yin und Yang,
Objekt, Subjekt in einem Klang.

Die Fläche fließt im eigenen Spiel,
wird kleiner, dann wieder groß,
das Lila wechselt zum Orange.
Nun setzt sich dunkel ein Massiv,
ein Kontinent hinein ins Feuermeer.
Durch meinen Atem wird das Land umspült.

Schöne Bilder

Schöne Bilder, als vor Wochen
rotorange der Ätna Glutfontänen schoss,
selbst den Sternenhimmel überstrahlend.
Aus dem Krater glühend Lava langsam
Hügel abwärts wälzte, das Jetzt begrabend.
Faszinierend die Bewegung der Natur!

Solches Schauspiel zwingt uns demutsvoll
erschüttert, aber auch bewundernd in die Knie.

Krankheit und Tod

Weiße Spinne,
Schmarotzer des Lebens,
halte still!
Genieße lebenslangen Schlaf,
damit du nie das Blut dort saugst,
wo die Idee
von einer schönen Welt
nicht sättigend geträumt.

Wo Taten für den Nächsten
nicht genug vollbracht,
wo Liebe angelegt,
doch nicht zur Geltung kam.
Gib denen eine Chance,
die an Abschied nie gedacht.

Wir wissen wohl,
dass Allmacht uns nicht fragt,
und werden doch nicht ruh'n,
bis wir erfahren,
welchen Kräften
Allmacht unterliegt.
Weil wir nicht glauben können,
dass uns Willkür lenkt.

Herzschlag

Es schaukelt mein Bett.
Es schaukelt in mir.
Es schaukelt und trägt mich,
es stößt und empfängt mich,
mein Herz.

Erstaunen ergreift mich.
Es hebt und es senkt mich.
Es wiegt mich in Höhen,
es pocht im Gleichmaß
sein surrendes Lied.

Mich ängstigt sein eigen-
ständiges Tun.
Vertrauen, vertrauen,
ruf ich mir zu.

Es lässt mich pulsieren
in meinem See,
ein Teil aller Meere:
Leben und Welt.

Einsamkeit

Tränen quellen still des Nachts,
weil Worte ungesagt geblieben.
Gesten ohne Widerhall
werden sinnentleert zu Masken,
wenn nicht ein Empfänger spiegelt.

Niemand fragt nach einem langen Tag:
„Wie geht es dir?“ Obwohl in mir
Gedanken schwellen, Saiten schwingen,
fallen Töne ohne Resonanz. Und
abgefüllt mein Seelenkörper bleibt.

Vielleicht mach’ ich ihn einfach leer.
Entstaube hier, entrümple dort,
trag’ mutig manch’ Erwartung fort,
lass’ neue Hoffnung erst herein,
wenn meine Geige wieder klingt.

Musik in der Kirche
Concert à trois v. Alfred Schnittke

Nordische Schönheit vor dem Altar,
eine Viola im Arm.
Geige wie Cello sie schmeichelnd umsingen.
Maria lächelt mit Kind.

Leise entzünden Töne Flammen,
streicheln, versöhnen Leben.
Rauschend werden Gewalten entfacht,
gleichwohl Sinne gewiegt.

Geöffnete Seelen lauschen,
vibrieren im Echo, Erinnerung fließt.
Gesteigerte Wachheit sprießt,
lässt ahnen, wie der Kosmos dreht.

Doch dann zum Osterfest,
geöffnet der Marienschrein.
Dahinter Christi Leib,
von Dornen befreit, geschunden, beweint.

Kirchenfenster

Fremde Stadt, Eroberungsdrang
treibt die Sinne hoch am Seil.
Jetzt Geschäftigkeiten lassen
und zur sonnig heißen Stunde
in der Kathedrale sein

Licht des Lebens, Licht der Wärme
bleiben draußen. Hier beleben
Sonnenstrahlen buntes Glas.
Bunter Abglanz streift die Wand,
später dann die Kirchenbank.

Weilt für kurz auch auf dem Stein,
der mit seiner dichten Masse
gut bedeckt den Ort des Kultes
aus der alten Heidenzeit,
wie auch christliches Gebein.

Dunkel drängen Menschen einzeln
durch die Pforte zum Altar.
Haben Lächeln und auch Tränen
schon am Eingang abgelegt.
Ehrfurcht hüllt sie ein.

Ritus bindet. Ruhe finden
jene, die sich überlassen.
Und wenn doch die Augen schweifen,
Landen sie im Kirchenfenster
zwischen Sockel und Gesimse,

wo mit ihrem Heil'genschein
die Figuren der Geschichte
Zweifel nehmen, stumm bezeugen,
dass Erfahrung möglich ist,
beginnend hier im Stillesein.

Erscheinungen
(Askese)

Asketen, Priester, Christi Braut
schauen nicht des Mondes Tiefe
Achten weise Affen, dienen
einem Vierten, für den alten Traum.

Knospen sind sie stets geblieben,
Nie erblüht. Deshalb ihre
Reinheit wird von allen Sündern
aufs Podest gestellt, verehrt

Haben sich am Ende nicht vermehrt.
Doch auch ihre Körper fallen.
Glüht für sie das ganze Firmament
und nicht nur der nahe Mond?

Blockaden

Schnell sind Menschen nur Existenzen,
entwurzelt und dem Mutterland fern.
Wer versteht die Kontrollen an Grenzen?
Die Habe hätte sie kurz ernährt.

Geflohen vor Not, gefallen in Not.
Ein Sturz aus dem Hochhaus, das wäre gut.
Machte all dem schnell ein Ende.
Freunde zerrieben, zwischen den Seiten

Sollen and're um Blöcke streiten:
Wirtschaftsblöcke, Straßenblöcke,
unbewohnbare Häuserblöcke,
Gedankenblöcke bei Beamten.

Heut' war es eine Blockade zu viel,
als der Mann vom Himmel fiel.

Heilige Räume

Heilige Maria, Mutter Gottes,
Gepriesen seist du, Jungfrau ...
Tamtara, trallala
gebenedeit unter den Weibern.
Bist Schmerzensreiche du ...
Tamtara, trallala
Wir lieben und wir loben dich,
verehren und bewundern dich ...
Tamtara, trallala
schaukeln uns singend auf zu dir,
gedankenverloren, nahe dem Nichts
schwimmt unser Herz zu deinem Thron.

Bunte Blitze sausen nieder
Techno Rhythmen heizen ein ...
Tamtara, trallala
Wenn wir uns ach so frei bewegen,
schwerelos die Körper schweben ...
Tamtara, trallala
Schau'n wir auf zu der Empore
wo der DJ Töne rührt ...
Tamtara, trallala
Er gießt den Spirit in den Saal,
gedankenverloren, sorgenfrei.
Unendlichkeiten sind hier nah.

Traum einer alten Mutter

Ich stricke dir die Lunge neu
aus festem Garn, dicht gewirkt
aus rotem Tuch, wie früher.
Weißt du noch, das Kinderkleid,
das du so gerne trugst?

Ich fülle formgerecht die weißen
Flecken wieder aus, die der
Tumor ins Röntgenbild dir fraß.
Ich stelle schöne Flügel her
und lege sie dir auf die Brust.

Und betend sehe ich,
wie das Organ dringt langsam in dich ein.
Mit Zärtlichkeit streich ich die Kanten glatt.
Die Röhrchen in der Nase legst du weg,
du blähst mit letzter Kraft die Flügel auf.

Du fliegst empor, und ich verfolge dich.
Wünsch dir ein schönes Leben ewiglich,
seh' zwischen Wolken dann und wann
das rote Fadenende weh'n,
das ich mit Absicht nicht vernähte.

Als die Worte wieder kamen
(New York am 11.09.2001

Schöne Bilder, als im eleganten Flug,
nacheinander, taubengleich, Flieger
aus des Himmels Blau unversehens
in die höchsten Zwillingstürme tauchen.
Atemstille eine Ewigkeit ...
dann, Entsetzen lähmt die Welt.

Atemstille bei der Explosion,
Atemstille noch, als Gedanken
langsam doch erfassen, welches
schreckliche Geschehen, nicht im Filme,
sondern uns vor Augen wahre Wirklich-
keit für so viele Menschen wird.

Böse Geister mitten unter uns
haben sich als Götter ausprobiert,
ihren Hass gewaltig inszeniert,
um verächtlich Menschen zu verderben,
die von diesem Hass nichts wussten.
Ohne Logik schwankt die Welt!

Solche menschgemachte Hölle erntet Trotz!
Zwingt nicht einen von uns in die Knie.

Grübeleien

Die Sonne schenkt uns Licht,
und willst du sie beseh'n,
tun dir die Augen weh.

Die Liebe bringt uns Glück,
und willst du sie ergründen,
stößt du auf Sucht und Sünde.

Die Tugend ist so rein.
Versuchst du sie zu leben,
stellt sich gleich Mangel ein.

Die Wahrheit ist sehr groß
und willst du sie erkennen,
musst viele Wege rennen,
denn sie ist hier und anderswo.

Drum lasse ich das Grübeln,
genieße Sonn' und Liebe
bin tugendhaft, so gut ich kann,
empfinde wahr, was immer nah.

Der Engel, dein hohes Selbst

Auch du hast einen Engel.
Er ist sehr zart, schwebt über dir
Und wenn du mit dir selber sprichst,
hört er geduldig alles mit.

Wälzt du dich ruhelos im Schlaf,
weißt nicht, wie du entscheiden sollst,
dann fließt er dir in Träume ein,
gibt den Gedankenblitz,
der dir so sehr gefehlt – Intuition,
die unverhofft dir weiterhilft.

Drum sprich sehr liebevoll zu ihm.
Vertrau' ihm ruhig alles an.
Denk dir, er wär' aus feinstem Glas.
Geschrei gefährdet ihn. Dann bräch
er leicht entzwei oder flöge fort.

Sprich achtungsvoll zu ihm,
denn wissend ist er, gütig auch.
Was du ihm sagst, bewahrt er auf
in einem unbewussten Land.
Und glaubst du dich in großer Not,
zermarterst dir gar den Verstand,
steht er schon ruhig neben dir
mit gutem Rat und frohem Mut.

Das Gerippe

Knochenmann oder Frau?
Gerippe, filigran. So hab‘ ich das
als Kind zuerst beim Arzt geschaut.

Was für mich ein Schreckgespenst,
ist für ihn ein Gegenstand,
bestimmt für die Lehre, Inventar,
sein täglicher Blick, ohne Gefühl.

Wie kann es sein, dass jeder Mensch
Inwendig grauselig hässlich ist
und sein Gebein sich ewig hält?

Wo doch lebendige Augen so
voll Seele sind, die Fülle der Haare,
die rosige Haut, dein Lächeln, dein Wissen,
auch dein Zorn, der Ehrgeiz, die Freude

und der Erfolg, Lieben und Sorgen,
auch unser Leid so schnell vergeh‘n,
irgendwann nur unwichtig sind?

Drum soll für uns gelten nur das „Jetzt“.
Wir wähnen uns schön und sind gesund,
handeln gut, leben mit Mut,
genießen, so lange der Himmel uns grüßt.

Trauer

Ein Abschnitt nur, kein Ende

Nun hat sich über seine Augen Nacht gelegt.
Nun rauscht der Weltensturm so sehr, dass er nichts hört.
Sein Herz hat aufgegeben, ließ die Kälte ein.
Doch seine Seele fliegt, den weißen Wölkchen gleich,
schwingt frei, singt mit euch fühlend:
„Das, was war, das bleibt"!

Trauerfeier

Vergiss den weißen Kragen nicht,
die Perlen auf dem schwarzen Kleid.
Denn Trauer braucht ein äußeres Gesicht,
damit umkränzt den Schrecken Festlichkeit.

Der frühe Glanz von Morgenlicht
verweist auf Regelmaß und Wiederkehr,
trägt Hoffnungsschein in große Dunkelheit,
schenkt Ahnung von Heiterkeit im Schmerz.

Kreuze

Die Schwester gab mir ein Buch von dir.
Ich sehe die Kreuze, die du gemacht
an Stellen, die ich niemals markierte.
Frag mich, was du dabei gedacht,
damit verbunden, dabei empfunden,
will nachvollziehen, dich verstehen,
jetzt, wo längst ein Kreuz dein Grab markiert.

Hingabe
Abschied und Begegnung

Drei Schaufeln Erde auf den Sarg,
Vater, Sohn und Heiliger Geist,
Gott und auferstandener Mensch,
Lichtgeburt und Weltengeist,
Naturgesetze, Daseinsgedanken,
Urmaterie, Leben, Gefühle.
Zweifach einiger Seelengeist,
wo bist du jetzt, wo schwebst du hin?

Schmerzlich strebt mein Ich zu dir,
ergibt sich, verströmt sich tränenreich,
erschüttert durchwogt mich Hilflosigkeit
beim Abschied für die Ewigkeit.
Trage meinen Schmerz zu dir,
Geliebter, fühle dich und mich.
Tröstend quillt die Kraft vom Grund,
dort wo alles Leben wurzelt,
sprießt erneut die Lust zur Tat.

Freie Gedanken

Vorurteil,
festgefrorene Phantasie
Bilder, klirrend starr wie Glas.

Gute Gedanken lösen auf,
stellen in Frage, fließen frei,
wohlwollend zwischen dir und mir.

Gedankenkraft,
steter Schöpfungsakt,
nie vollendet, immer neu.

Leben selbst
trägt die Veränderung.
Wandlung im eigenen Ich

.

Totengedenktag

Spurenlos
über dichten, weichen Schnee,
vorbei an Eisenkreuzen geht
der Trauer dunkle Gestalt.

Drum zündet Kerzen an!
Bis dahin waltet Schmerz,
an dessen Grund jedoch
die Hoffnung lebt.

Angst

Wenn die Angst größer ist als der Mut
und größer auch als der Verstand,
dann muss man mühsam
viele kleine Schritte tun,
für das gleiche Ziel.

Südfriedhof Frankfurt

Im Stil einhundertjähriger
Jugend schwingen Bögen
aus rotem Sandstein nach oben,
formen ein Tor in die Welt, ein Tor,
von rosa Blüten tausendfach überhängt.

Ein Tor, das sich öffnet und schließt
für Menschen, die still gedenken,
für Menschen, die Ahnen besuchen,
für Menschen, die vom Lärm der Stadt
hinübergleiten in natürliche Ruh'.

Sonnenblume

Sonnenblume blüht,
sucht ihr Gegenüber.
Mikrokosmos, Makrokosmos,
mittendrin auch ich,
manchmal groß
und manchmal klein,
immer doch ein Teil des Wirkens.
Teil der Schönheit dieser Erde,
einzig für ein Ganzes,
Baustein im göttlichen Sein.

Schwarzer Engel

Schwarzer Engel,
den freien Blick weltabgewandt,
auf fernes unsichtbares Ziel gelenkt,
den Fuß jedoch zur Erde gestreckt.
Du Schwebegeschöpf, Verbindung
zwischen Gott und Mensch,
gleichfalls zwischen Weib und Mann,
deine Schönheit überlassend
dem, der sie bewundern kann.

Schwarzer Engel
vor schattenlos diffusem Licht,
wo Grenzen schwimmen,
wo Gedanken ahnungsvoll.
Sage, ob du glücklich dort,
wo keine Wünsche offen sind,
wo überirdisch du gedacht.
Oder ließen Ahnen einst
die Sehnsucht dir im Blut zurück?

Trauer

Ja, ja, ich fühle mich wieder gut!
Die letzte Träne ist geweint.
Noch bindet Trauer den Atem am Grund,
doch schon schwingt wieder Lust mit ein.

Noch klingt die eigene Stimme fern,
doch Hoffnung steht bereits am Weg.
Ein Teil von mir folgt nur zu gern
mit Schwung durch Probleme über'n Steg

auf die andere Seite, wo Ideen keck flanieren,
Menschen mit Wünschen und Wollen spazieren.
Mein anderer Teil bleibt im Dämmer zurück,
grübelnd bedenkend das ganze Geschick.

Friedhof Banteer/Irland

So wenig braucht's,
damit das Leben sich entfaltet:
den feuchten Hauch,
den Sonnenstrahl,
den Mauerritz als Bett
für Samengaben,
so entsteht ein Baum.

So wenig braucht's,
um Leben zu vernichten.
Wie zerbrechlich ist das Sein.
Unausweichlich das Vergehen,
mit dem Zwecke, Hüllen
aufzugeben, Raum zu schaffen,
für des Lebens Fülle.

Mutters Geburtstag

Es ist ein Tag,
ein Morgen im Herbst.
Fliegen tanzen in der Sonne
eckig unsichtbare Linien
zu einem Luft-Kokon
um grüne Doldenbäumchen,
Efeutriebe. Sie kennen kein Warum.
Kurz bemessen ist ihr Leben.
Sie tanzen selbstvergessen
und sind doch Teil des großen Spiels.

Es ist ihr Tag,
Geburtstag der Mutter.
Und nun? Ein Gedenktag nur,
mit sparsamer Zeremonie.
So lächerlich klein
ist die Blume am Stein.
Doch meine Gedanken verweilen,
anders als früher – länger –
Als wär' ich nach Jahren ihr näher.
Und wieder führt das Selbst Regie.

Ruine

Durch die Fenster der Ruine
seh ich das Meer,
das mit einem langen Puls
drängt zum Strand.
Es weicht zurück,
um erneut sich vorzuschieben,
schaumgekrönt.

Und sein Atem zeichnet Spuren
in den Sand,
immer neu,
doch zugleich in Ewigkeit.

Die Ruine aber steht,
trotzt der Sonne,
Wind und Regen.
Unmerklich jedoch vergeht.

Abschiedsgedanken

Sie konnte und wollte Schmerzen nicht ertragen.
Sie sehnte sich nach dem letzten tiefen Schlaf,
wo alle Gefühle nur noch Erinnerung sind,
Gedanken leer, gleich einem neu geborenen Kind.

Jahreswechsel

Immer wieder Weihnachten

Erste gelbe Birkenblätter
hat der Wind ins Haus geweht.
Letzte grüne Tannennadeln
gibt der Teppich endlich frei.

Tannenbäume werden bald
auf jeden freien Platz gezwängt.
Mit roter Mütze und Gesicht
verkauft ein Mann im Lampenlicht.

Da wird in mir ein Traum entfacht
von roten Kerzen, Hoffnungsgrün.
Tief drinnen regt sich Widerstand.
Doch als zur Wintersonnenwend'

noch immer Bäume Wohnung suchen,
bin ich doch dem Symbol erlegen,
geh' dem Weihnachtsfest entgegen,
setze Licht für Neubeginn.

Dezemberlicht

Dezemberlicht,
schneeverhangen,
für wenige Stunden nur am Tag.

Viel mehr davon
ist unser Sehnen,
unser Anspruch im Kosmos notiert.

Doch sicher, dass es
heller wird,
das sind wir erst wenn Welt uns strahlt.

Drum finden wir Ersatz
im Kerzenlicht, ein Wohlgefühl,
das graue Zeiten freundlich überbrückt.

Bei der Krippe

Josef hütet das Feuer,
Maria behütet das Kind.
Er schafft wohlige Wärme,
sie bewegt sein Gemüt
Erst in beider Mühen
Göttliches gedeiht.

Rhönrad

Rad, rund, rollen, sich bewegen,
energisch antreiben, fort und fort,
und dennoch weiter im Kreis.

Einspurig, mehrgleisig, mehrfarbig,
mehrzügig. Vielfalt im Schaffen,
Variationen im Sein.

Differenziert, modifiziert, kontrolliert,
in Frage gestellt, gebremst, wozu?
Mehr, mehr, neuer, besser!

Kreislauf, Lebenslauf, laufen, leben.
Innehalten im Fließen, besinnen.
Weihnachten ist‘s!

Weihnachten

Das Weihnachtsfest woll'n wir gemeinsam begehen.
Mit dem Kranz ist die Tür zum Empfang geschmückt.
Riesig, der Stollen, er steht schon bereit,
denn Gäste sind heute auf Süßes geeicht.

Am Weihnachtsbaum werden die Lichter erstrahlen.
Die Kinder, wenn's gut geht, ein Gedicht vortragen.
Gemeinsam dann wollen wir Lieder froh singen,
Danach an die Kleinen Päckchen verteilen.

Schönes Papier wird gerupft und gerissen.
Buntes Design deckt in Fetzen den Boden.
Mutter läuft schnell in die Küche zum Braten.
Vater bindet die Schürze sich um,
tranchiert die Gans jetzt wie jedes Jahr.

Ulrike Christa Köhler, geb. Meyer, wurde 1938 in Offenbach/ Main geboren, wo sie Kindheit, Schulzeit und Jugend verbrachte. Sie besuchte dort das Realgymnasium für Mädchen und machte anschließend eine Ausbildung zur Industrie-Kauffrau. 20-jährig ging sie der Sprache wegen für ein gutes Jahr nach London. Anschließend war die Stadt Frankfurt Wohn- und Arbeitsplatz. 1973 erfolgte der Umzug in ein Taunusstädtchen, wo sie seither lebt.